_____ 님께 드립니다.

_____ 년 _____ 월 _____ 일

"험난한 한국 사회를 당당히 살아가고 있는

딸 김연순과 아들 김학언에게 이 책을 바칩니다!"

60 이후, 한국인과 일본인의 삶은 어떻게 다른가

초판 1쇄 인쇄 2024년 4월 18일
초판 1쇄 발행 2024년 4월 29일

지은이 김승식

펴낸이 김찬희
펴낸곳 끌리는책

출판등록 신고번호 제25100-2011-000073호
주소 서울시 구로구 연동로11길 9, 202호
전화 영업부 (02)335-6936 편집부 (02)2060-5821
팩스 (02)335-0550

이메일 happybookpub@gmail.com
페이스북 happybookpub
블로그 blog.naver.com/happybookpub
포스트 post.naver.com/happybookpub
스토어 smartstore.naver.com/happybookpub

ISBN 979-11-87059-96-7   03330
값 16,800원

60 이후,
한국인과 일본인의 삶은
어떻게 다른가

풀리는책

일본인과 한국인의 노후는 얼마나 다를까?

필자가 한국의 외형적인 성장 과정에서 거시경제 분석을 통해 점검해본 《성공한 국가 불행한 국민》이라는 책을 출간한 지 10여 년의 시간이 지났다. 한강의 기적으로 불릴 만큼 짧은 기간 압축적인 고도성장을 통해 성공한 한국경제 이면에는 다수 국민의 파편화된 삶이 짙게 드리워져 있었다. 《성공한 국가 불행한 국민》은 한국경제가 외형적으로는 성공했지만, 다수 국민의 삶은 그렇지 못한 실상을 다룬 책이었다. 그 후 10여 년의 시간이 흐르는 동안 진보와 보수를 넘나드는 새로운 정부가 세 차례나 바뀌었다. 그동안 한국인의 삶은 얼마나 달라졌을까?

이번에 새로 쓴 《60 이후, 한국인과 일본인의 삶은 어떻게 다른가》는 이런 문제의식에서 출발했다. 한 사회에서 개인의 경제적인 삶은 절대적일 수 없다. 국가 경제의 성과 못지않게 사회안전망(Social safety net)의 구축 없이 개인의 능력만으로 긴 인생을 순탄하게 살아가는 것은 쉽지 않은 것이 현실이다. 우리보다 선진국이었던 이웃 일본이 경제성장 과정에서 착실히 구축해온 각종 사회제도의 구조와 틀이 고령화 시대에 어떻게 작동해왔는지 살펴보면, 현재 한국 사회에 많은 시사점을 제공해줄 것이라고 믿는다.

이웃 일본은 경제발전의 출발뿐 아니라 최근 우리 사회에서 문제가 되고 있는 저출산·고령화 문제에서도 우리보다 20년 정도 앞선 경험을 가지고 있다. 모든 면에서 우리보다 앞서 경험한 일본 사회를 통해 우리 사회의 실상을 객관적으로 진단해볼 수 있다고 생각한다. 특히, 최근 우리의 1인당 소득수준은 이웃 일본과 거의 유사해졌고, 명목 가계소득 평균 등 일부 소득 지표에서는 일본 사회를 앞서고 있다. 그렇다면 한국 사회에서 정년 이후 노후 세대의 경제적 관점에서 미래를 어떻게 그려가야 하는지 이웃 일본이 기준점이 될 수 있다.

이 책에서는 평범한 일본인 다나카 상의 정년 이후 삶과 정년 전후 힘겨운 삶을 살아가야 하는 평범한 한국인 김철수 씨의 삶을 비교할 예정이다. 이 비교를 통해 우리는 일본 사회제도에서 무엇을 배워야 하는지 알 수 있을 것이다. 이에 더해 급속한 고령화가 시작된 한국 사회에서 정년 이후 노후 세대 삶의 질을 개선하기 위해 무엇을 어떻게 대비하고 고쳐가야 하는지 해답도 찾을 수 있다.

책 출간할 때마다 늘 성원과 지원을 아끼지 않는 대학 선배, 전 KB증권 이재형 전무 님께 이 자리를 빌려 감사 인사를 전한다. 마지막으로 바쁜 회사 생활 중에도 책 출간 과정에서 여러 차례 교정 작업과 차트 작업에 참여해준 딸 김연순과 조카 김연주에게도 감사의 마음을 전한다.

2024년 4월
고양시 화정동 사무실에서
저자 김승식

3장 · 한국 사회는 무엇을 준비해야 하는가

4장 • 한국 사회는 어떻게 바꿔야 하는가

1장

60 이후, 일본인 다나카 상의 삶

윤석열 집권 이후 가까워진 한일관계

2023년 일본을 찾은 한국 여행객 수가 무려 7백만 명에 달한 것으로 집계되었다. 일본을 방문한 2천 5백만 명 중에 한국인이 단연 1위다. 코로나19 팬데믹 이전 최고치였던 2018년 7백 5십만 명에 육박하고 있다. 최근 일본을 찾는 한국인 관광객이 급증한 이유를 들자면, 우선 한국의 1인당 소득수준이 일본과 유사해진데다 엔화에 대한 원화의 강세로 장기적으로 유지되어왔던 원화와 엔화 10대 1 비율이 급속히 깨지면서 일본 여행 비용이 상대적으로 저렴해진 결과다. 그리고 일본이 지리적으로 가깝고, 한국 여성들이 일본의 맛있는 음식과 질 좋은 온천을 선호하기 때문이다. 여기에다 윤석열 정부 출범 이후 일관되게 추진하고 있는 친일 정책으로 한일 관계가 급속히 개선된 것도 한 이유다. 이렇게 지리적으로나 인적 교류 차원 측면에서도 한일 관계가 그 어느 때보다 밀접해지고 있다.

연간 제주도를 찾는 내국인 방문객 수가 1천 2~3백만 명에 달하는 것을 고려하면 한국인의 일본 방문이 얼마나 일상화되어 있는지 알 수 있다. 일본을 여행하다 보면, 호텔 내외부 안내 데스크에서 접객 서비스로 일하는 머리색이 희끗희끗한 노년층을 일상적으로 볼 수 있다. 일본은 우리보다 거의 20년 전부터 시작된 고령화로 인해 세계에서 가장 고령화된 사회다. 일본인 10명 중 대략 3명이 65세 이상 노령층이다.

한일 양국의 정년 이후 표준 가구주 모델 선정

한국보다 먼저 고령화가 시작된 이웃 일본은 이런 고령화 사회에 어떻게 대비하고 있을까? 한국도 2024년 현재 65세 이상 노령 세대 인구 비율이 19%대를 웃돌며 본격적인 고령화 사회에 들어서고 있다. 이에 한국보다 먼저 고령사회가 시작된 일본은 어떻게 고령사회에 대비해왔는지 그리고 정년을 맞은 일본인의 삶은 한국인과는 무엇이 어떻게 다른지 살펴보는 것은 매우 의미 있는 일이라고 생각한다. 이 책에서 다루려는 주제다. 필자는 우선 현직에서 은퇴한 일본인의 정년 이후 삶을 한국인과 비교해보는 작업을 해보려고 한다. 일본인 표준 가구주 모델과 한국인 표준 가구주 모델을 1인씩 선정해 정년 이후 삶을 더 구체적으로 비교해볼 예정이다.

이해하기 쉽게 일본인은 다나카(田中) 상을 표준 가구주 모델로 선정했고, 한국인은 김철수 씨를 표준 가구주 모델로 선정했다. 현재 일본의 법적 정년은 65세이고, 한국의 법적 정년은

60세다. 그리고 한일 간 환율 비율은 편의상 10대 1로 가정했다. 즉, 엔화 만 엔이 원화로 10만 원이다.

정년을 맞은 일본인 다나카 상의 삶

일본인 다나카 상은 대학을 졸업하고 25세에 일본의 한 중견기업에 정사원으로 입사하여 40년을 재직한 후, 2021년 법적 정년인 65세에 퇴직했다. 다나카 상이 일했던 시대는 대체로 종신고용이 가능했던 사회로 한 회사에서 40년간 재직하는 것이 어렵지 않았다. 40년간 회사 급여 수준은 일본인 임금근로자 평균 소득수준으로 받았다고 가정하자. 다나카 상은 회사에 다니다 결혼했으며, 처(妻)는 전업주부로서 두 자녀를 키우며 평범한 가정을 꾸렸다. 다나카 상 부부가 정년 이후 추가로 일하지 않는다고 가정하면, 40년간 납부한 공적 연금과 기타 소득을 합쳐 대략 23만 8천 엔 정도의 월수입을 얻게 된다.

다나카 상 부부의 정년 이후 한 달 지출액은 26만 엔 정도인데 월수입으로 지출하고 나면, 약 2만 2천 엔의 적자가 발생한다. 다나카 상은 40년이라는 장기간 근무로 인해 회사에서 받은 퇴직금과 재직 시 저축한 돈을 합해 2천만 엔을 약간 웃도는 목돈을 마련했다. 일본인 평균 수명은 2021년 기준 남성은 81.5세, 여성은 87.6세로 다나카 상은 퇴직 이후 계속해서 일하지 않는다고 하더라도 2천만 엔 정도 저축한 돈으로 무려 30년 가까이 그럭저럭 버티는 데 큰 문제 없이 사는 구조다. 일본 후생노동성에서는 매년 법적 정년 이후 일본 표준가구주 모델의 가계수지 동향을 발표하고 있는데, 그 표준 가구주 모델이 다나카 상이라고 볼 수 있다.

일본에서도 정년 이후 정기적으로 여행 다니고, 외식도 하는 등 여유 있는 노후생활을 하기 위해서는 월 소득이 36만 엔 정도는 되어야 한다고 조사되고 있다. 그러면 정년 이후 추가로 70세까지 근로를 연장한다면 좀 더 여유로운 노후를 보낼 수 있다. 법적 정년은 65세로 정해져 있지만, 일본 정부는 기업에 각종 인센티브를 제공하며 법적 정년 이후 70세까지 고용하도록 권장하고 있다. 정년 이후 70세까지 추가로 일하게 되면, 공적 연금인 후생연금의 수급 기간을 5년간 늦출 수 있어 기존에 받는 금액보다 무려 42%나(매월 0.7%씩 가산) 가산되어 월 32만 엔 정도 연금을 70세부터 수령할 수 있다. 일본 사회는 건강할 때 조금 더 일하면 여유로운 노년 생활이 얼마든지 가능한 구조다.

그리고 70세 이후 간헐적으로 건강이 나빠져서 병원에 다닌다 해도 의료보험 제도가 잘 정비되어 있어 동네 병원이든 큰 병원이든 규모와 관계없이 의료비 자기부담률이 74세까지는 20%, 75세 이후 후기 고령층은 10%만 부담하면 된다. 80세가 넘어 부부 중 한쪽이 사망하고 독거노인이 된다고 해도 신체가 쇠약해지고 거동이 불편하여 사회적 도움이 필요할 때는 개호(介護)보험 제도를 이용하여 간병과 돌봄 서비스를 받을 수 있다. 이럴 때 자기부담률은 일반적으로 10% 미만이다.

일본 사회 생애 의료비 지출 구조

일본의 후생노동성이 지난 2010년 기준으로 발표한 일본인의 생애 의료비 지출 구조를 나이대별로 보면, 전 생애에 걸쳐 의료비 지출액이 대략 2천 400만 엔 정도에 이르는 것으로 추정하여 발표한 바 있다. 이 자료를 보면, 출생 이후 69세까지 생애 의료비 지출의 절반을 지출하고, 70세 이후 사망에 이르기까지 나머지 절반을 지출하는 것으로 분석하고 있다. 그리고 65세 정년 이후 의료비 지출액은 전 생애의 57% 수준인 1천 390만 엔을 지출하는 것으로 분석하고 있다. 이 기준으로 본다면, 다나카 상은 65세 정년 이후 1천 390만 엔의 의료비를 지

출할 가능성이 있고, 자기 부담률 10%인 139만 엔이 필요하다
고 예상할 수 있다. 다나카 상이 2천만 엔 정도 저축한 금액을
고려하면, 충분히 감당할 만한 수준이다.

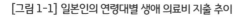

[그림 1-1] 일본인의 연령대별 생애 의료비 지출 추이

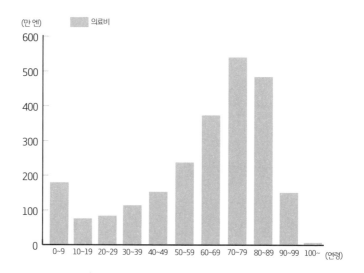

자료: 일본 후생노동성, 2010년 기준

현역 시절 평균 소득으로 40년간 임금근로자였던 일본인
다나카 상의 정년 이후 삶을 소개해보았다. 2장에서는 한국의
김철수 씨를 통해 일반적인 한국인의 정년 이후 삶을 점검해보
겠지만, 김철수 씨의 정년 이후 삶은 다나카 상과는 사실 너무
다르다. 일본은 어떻게 정년 이후 삶을 다나카 상 정도로 살아

갈 수 있게 되었는지, 우선 일본 사회 시스템을 더 구체적으로 살펴보자.

정년 이후 일본인 가구의 월간 가계수지

일본 정부는 총무성 〈가계조사 연보〉를 통해 매년 정년 이후 표준가구의 월간 가계수지 동향을 발표하고 있다. 이 통계 자료를 보면 정년을 맞은 표준적인 일본인 가구의 경제적 삶을 들여다볼 수 있다. 여기서 말하는 정년 이후 표준가구 모델은 정년을 맞은 65세 남성과 전업주부인 60세 여성의 2인 가구로, 정년 후 직업이 없다는 전제로 작성한 월간 소득과 지출 동향을 말한다.

[표 1-1] 무직의 65세 이상 노령 가구의 월간 가계수지 동향(단위: 엔)

월간 소득 구성	소득액	월간 지출 구성	지출액	월간 적자
- 공적 연금	214,530	- 소비 지출	228,305	
- 기타 수입	23,458	- 비 소비 지출	31,789	
합계	237,988	합계	260,094	22,106

자료: 총무성 가계조사 연보, 2021년 기준

2021년 기준 가계수지 동향을 보면, 월간 수입 총액은 23만

7천 988엔인데, 월간 지출 총액은 26만 94엔으로 정년 이후 평균 가구는 매월 2만 2천 106엔의 적자 상태다.

더 구체적으로 살펴보면, 정년 퇴직 이후 무직인 상태에서 근로소득이 없으므로 소득 대부분이 공적 연금인 후생연금 소득이 전체 소득의 90.1%를 차지하고 있고, 나머지 금융 소득 등 기타 소득이 9.9%에 불과하다. 일본은 정년 이후 근로소득이 없으면 공적 연금 소득이 대부분임을 알 수 있다. 그런데 표준가구의 공적 연금 소득을 원화로 환산하면 대략 2백 14만 원 수준이다. 우리로 보면, 정년 퇴임한 공무원의 연금 소득에 약간 미치지 못한다. 이에 대해서는 차차 설명할 예정이다.

한편, 정년 이후 표준가구의 월간 지출 명세를 살펴보면, 월간 지출 총액은 26만 94엔으로, 이중에서 식료나 주거, 전기 수도료 등 소비 지출이 22만 8천 305엔으로 전체 지출의 87.7%를 차지하고, 세금과 각종 사회보험료 등 비 소비 지출액이 나머지를 차지하고 있다. 이처럼 일본인은 정년 이후 근로소득이 없으면 매월 일부 적자 상태에 빠진다. 적자 폭을 줄이기 위해서는 지출 항목을 줄일 수밖에 없다.

지출 항목 중 줄일 수 있는 항목을 찾아보면, 8.7%를 차지하고 있는 교양·오락 지출과 9.1%의 교제비가 있다. 이 두 항목의 비중이 17.8%로 이중 절반을 줄인다고 가정하면, 2만 3천 엔 정도를 절약할 수 있어 월간 가계수지는 흑자로 전환된다. 한국인과 마찬가지로 일본인도 정년 이후 일하지 않으면 소비 지출 관리가 매우 중요하다. 일본은 정년 이후 소비 지출액이 은퇴 전보다 통상 70% 수준으로 줄어드는 것으로 조사되고 있다. 이는 현역 시절부터 장기간 나눠서 내왔던 주택자금 대출금 상환이 마무리되고, 자식들의 교육비 지출이 마무리되어 중요한 지출 항목이 제외되었기 때문이다.

여기에서 2021년뿐 아니라 최근 몇 년간 정년 이후 일본인 표준가구의 가계수지 동향 추이를 살펴보자. 2017년 이후 추이는 매년 가계수지 동향에서 적자 폭은 꾸준히 줄어들고 있다. 2017년 5만 4천 519엔으로 최대를 기록한 이후, 2020년에는 1천 541엔으로 급격히 축소되었다. 이 당시가 코로나19 팬데믹으로 인해 전 세계 대부분 국가가 전염 예방을 위해 상업 시설에 대한 셧다운이나 강력한 사회적 거리 두기를 시행했던 때였다. 일본 정부도 이 당시 자영업자에 대한 영업손실 지원과 경기 위축을 방어하기 위해 일반 가계에 대한 각종 현금 지원을 늘린 결과로 분석된다. 그러나 보조금 지급이 중지된 이후 재차 적자 폭이 확대되는 추세에 있다.

[표 1-2] 무직의 65세 이상 노령 가구의 월간 가계수지 적자 추이

연도	월수입(엔)	월 지출(엔)	월간 적자 폭(엔)	30년 누계 적자(만 엔)
2017	209,198	263,717	54,519	1,963
2018	222,834	264,707	41,873	1,507
2019	237,659	27,0929	33,270	1,198
2020	257,763	259,304	1,541	55
2021	237,988	260,094	22,106	795

자료: 일본 총무성, 가계조사 연보

그런데 이 월간 가계수지 동향 발표가 일본 열도에 큰 파장을 일으켰다. 다름이 아니라 2017년 일본 금융청이 월간 가계수지 동향을 분석하면서, 이를 근거로 65세에 은퇴해서 30년을 추가로 생존한다면 30년간 가계의 누적 적자 규모가 1천963만 엔에 달해, 일본인 대부분이 정년 이후를 대비하려면 적어도 2천만 엔 정도의 저축이 필요하다는 〈고령사회 대책 보고서〉를 제출하면서 발생한 일이다. 2천만 엔의 저축액은 원화로 2억 원 정도에 해당한다.

당시 일본 금융청의 이 자료가 발표된 후 일본 언론 등에서 연일 표준가구 모델의 저축액 2천만 엔의 진위에 대한 팩트 체크가 진행되었고, 이에 대한 구체적인 분석 자료가 다수의 책으로도 출간되었다.

대표적인 저서가 타카하시 요이치 씨의 《노후자금 2천만 엔의 거짓 *老後資金 2000万円の大嘘*》이다. 이 책의 요지는 일본 금융청 보고서는 정년을 앞둔 대다수 일본인을 불안하게 만드는 매우 큰 거짓말이라는 것이다. 앞서 살펴본 대로 이는 가계수지 적자 폭이 가장 컸던 2017년 당시 자료를 바탕으로 했기 때문에 일본 사회에서 정년 이후 2천만 엔까지 저축이 필요 없으며, 일부 문화 생활비를 축소하면 정년 이후 큰 폭의 적자 없이 어느 정도 생활할 수 있다고 분석하고 있다. 따라서 일본 금융청이 이런 보고서를 만든 것은 정년 이후를 대비한 저축액 규모 자체보다는 일본 사회의 급속한 고령화로 인해 심각해지는 노동력의 부족을 막기 위해 건강한 고령층이라면 가능한 한 길게 일해야 한다는 유인책으로 보인다.

정년 이후 일본인 가구의 순 저축액

일본 사회에서 정년을 맞은 노령 가구의 평균 순저축액 추이를 살펴보도록 하자. 일본 총무성 가계조사 연보의 통계자료는 노령 부부 세대를 60~69세와 70세 이상 세대로 나누어 순 저축액 규모를 집계하고 있다. 2017년 이후 이들 세대의 순 저축액은 모두 2천만 엔대를 웃돌고 있다. 결국 앞서 살펴본 일본 사회에서 정년 이후 무직 상태에서도 표준가구의 가계수지 적자 폭을 정부의 모델대로 관리할 수 있다면, 30년 정도 노후 생활을 유지하는 데 큰 무리가 없음을 알 수 있다. 일본경제가 지난 30년 가까이 성장 없는 정체 상태에 있음에도 일본인의 평균 가계수지는 여전히 잘 관리되고 있음을 확인할 수 있다.

[표 1-3] 60~69세의 2인 이상 노령 가구주의 순 저축액 추이(단위: 만 엔)

연도	저축액	부채	순 저축액
2017	2,382	205	2,177
2018	2,327	207	2,120
2019	2,330	250	2,080
2020	2,384	242	2,142
2021	2,537	214	2,323

자료: 일본 총무성 가계조사 연보

[표 1-4] 70세 이상 2인 이상 노령 가구주의 순 저축액 추이(단위: 만 엔)

연도	저축액	부채	순 저축액
2017	2,385	121	2,264
2018	2,249	104	2,145
2019	2,253	70	2,183
2020	2,259	86	2,173
2021	2,318	86	2,232

자료: 일본 총무성 가계조사 연보

공적 연금이 일본인의 정년 이후 노후 소득 보장

일본 사회에서 정년 이후 가계수지 관리가 탄탄하게 관리되고 있는 이유는 가계 소득의 대부분을 차지하고 있는 공적 연금제도가 잘 갖춰져 있기 때문이다. 그러면 여기서 일본 사회가 일본인의 정년 이후 삶을 대비해서 오랫동안 잘 유지 관리하고 있는 공적 연금제도에 대해 살펴보자.

일본도 한국과 유사한 공적 연금제도가 있다. 일본의 공적 연금제도를 다층 연금 체계로 나누어보면, 1층에는 한국의 기초연금에 해당하는 국민연금이 있고, 2층에는 근로소득이 있는 사람들(피고용자인 근로자나 공무원 등)이 소득에 비례하여 납부하는 후생연금 제도, 3층에는 퇴직 급여와 연계된 iDeco(イデコ)와 민간 금융기관의 적립식 펀드 NISA(Nippon Individual Savings Account)라는 금융상품을 통한 사적 연금이 있다.

일본의 공적 연금제도가 시작된 것은 1941년 노동자 연금보험법이 제정된 이후 1944년 후생연금보험법, 1959년 국민연금법의 순으로 제정되어 공적 연금제도의 틀을 정비해왔다. 그리고 1961년 모든 국민을 상대로 국민연금법이 전면 시행되었다. 또한 우리의 기초연금이라 할 수 있는 일본의 기초연금인 국민연금 제도가 1985년 도입되었다. 이제 일본의 공적 연금제도의 근간이라 할 수 있는 기초연금인 국민연금과 후생연금 제도에 대해 더 구체적으로 알아보자.

일본의 기초연금은 보편적 기초소득 보장

우선 우리의 기초연금 제도에 해당하는 일본의 국민연금 제도는 20세부터 60세 미만의 농어민, 자영업자 등 모든 일본인이 의무적으로 가입해야 하는 보편적인 공적 연금제도다. 월 보험료는 소득수준과 관계없이 일정액인 1만 6천 590엔(2023년 3월 기준)으로, 10년 이상 내면 수급 자격이 주어지고, 법적인 정년 65세부터 수급할 수 있다. 국민연금은 40년간(480개월) 월 보험료를 모두 내면 현재 기준으로 6만 6천 250엔(2023년 3월 기준)을 수급할 수 있다. 일본의 국민연금도 대학생과 무직 등 소득이 없으면 납부 유예가 인정되며, 특례 제도로서 저소득층은 소득 분류에 따라 정부로부터 국민연금보험료 면제 제도를 통해 지원(전액, 3/4, 절반, 1/4)받을 수 있다.

[표 1-5] 일본 공적 연금제도의 피보험자 분류

구분	제1호 피보험자	제2호 피보험자	제3호 피보험자
대상자	학생, 자영업자, 농림·어민 등	회사원, 공무원 등	제2호 피보험자의 배우자 등
가입 가능 공적 연금	국민연금	국민연금과 후생연금보험	국민연금

자료: 일본 연금기구

일본의 후생연금 구조와 연금 수급 사례

다음은 한국의 국민연금에 해당하는 일본의 후생연금 제도에 대해 알아보자. 후생연금 제도는 급여소득이 있는 일반 기업 근로자나 공무원 등이 가입하는 연금제도로 후생연금에 가입된 피보험자는 기초연금인 국민연금도 함께 포함되어 있다. 따라서 소득과 관계없이 국민연금만 납부하는 피보험자는 정액 보험료만 납부하면 되지만, 국민연금이 포함된 후생연금 보험료는 정액의 국민연금 보험료와 소득에 비례한 보험료를 함께 납부한다. 이는 후생연금의 소득재분배 기능을 위한 것이다.

[그림 1-2]에서 볼 수 있듯이 후생연금의 보험료율은 1950년대 3%에서 출발하여 1950년대 말까지 3%가 유지되다가 1960년대 초 이후 매년 단계적으로 인상하여 1997년 13.58%

가 되었으며, 13.5%가 한동안 유지되다가 2004년 연금 개혁으로 재차 단계적인 인상을 시작하여 2017년까지 18.3%까지 올렸다. 2017년 이후 18.3%로 고정된 상태를 지금까지 지속하고 있다. 후생연금 보험료의 부담 방식은 18.3%를 근로자와 사업자가 각각 반반씩 나누어 부담하는 구조다. 다만, 후생연금 피용자의 처가 전업주부면 남편이 처의 기초연금인 국민연금 보험료를 함께 부담한다.

[그림 1-2] 1950년대 이후 후생연금 보험료율 추이

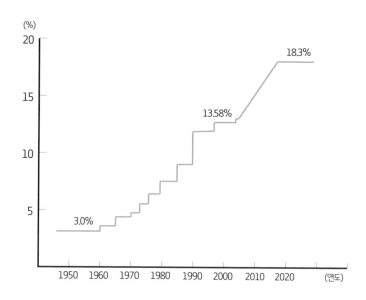

자료: 일본 연금기구

앞서 국민연금만 납부하는 가입자가 40년간 일정액을 내면 정년인 65세부터 6만 6천 엔대의 연금 수급이 가능하다고 했는데, 부부가 함께 가입하면 월 13만 2천 엔을 받을 수 있다. 이처럼 국민연금은 정년 이후 기본소득을 담당하는 구조다. 그렇다면 국민연금이 포함된 후생연금은 얼마를 받을 수 있을까? 후생노동성이 2019년에 발표한 제9차 사회보험심의회 연금부회 자료에 따르면, 피용자 남편이 월 35만 7천 엔의 월평균소득을 기준으로 40년간 후생연금을 납부하고, 부인이 전업주부라면 2019년 기준 약 22만 4천엔 정도를 받을 수 있다.

[표 1-6] 일본 표준모델의 공적 연금 수급 사례

연금의 성격	국민연금만 납부한 부부 사례		후생연금의 부부 사례	
	부(夫)	처(妻)	부(夫)	처(妻)
노령 비례연금	X	X	월 약 9.2만 엔	X
노령 기초연금	월 약 6.6만 엔	월 약 6.6만 엔	월 약 6.6만 엔	월 약 6.6만엔
부부 합계	월 약 13.2만 엔		월 약 22.4만 엔	

주1: 후생연금의 표준모델은 평균 소득 기준으로 40년간 후생연금을 납부하고, 처는 전업주부일 때
주2: 국민연금의 표준모델은 피용자가 아닌 자영업자 등이 40년간 일정액의 국민연금만 납부할 때
　　자료: 일본 후생노동성, 2019년 기준

이러면 월평균 임금소득 기준인 35만 7천엔 대비 후생연금의 명목소득 대체율이 62.7%에 달하게 된다. 후생연금의 명목소득 대체율이 62.7%라는 것은 월 10만 엔을 받는 일본인 급여소득자가 현재 18.3%의 후생연금 보험료율로 40년간 납부

하면, 정년 이후 6만 2천 7백 엔의 후생연금을 받을 수 있다는 것을 말한다. 앞서 일본인 정년 이후의 가계수지 동향에서 볼 수 있었던 것처럼 일본의 후생연금이 일본인 은퇴 가구의 노후 소득을 책임지고 있다는 사실을 확인할 수 있다.

일본에서 평균소득자 기준 후생연금의 명목소득 대체율 62.7%는 한국의 40%에 비해 매우 높은 수준이다. 일본 정부는 향후 후생연금 명목소득 대체율 관리를 위해 2016년 이후 〈거시경제 슬라이드 시스템〉을 도입한 바 있다. 거시경제 슬라이드란 경제성장률과 생산인구의 감소 그리고 평균 수명의 연장에 연동하여 매년 연금 지급액을 자동으로 조정하는 장치를 말한다. 즉, 경제성장률의 정체가 지속되고 인구감소와 평균 수명 연장에 따른 후생연금의 고갈을 막기 위해 후생연금 지급액을 매년 조금씩 감액하겠다는 취지다. 일본 정부는 2040년대 말까지 후생연금 명목소득 대체율의 하한선을 50%대 초반까지로 설정하고 있다.

1950년대 이후 일본 사회가 장기간에 걸친 후생연금 보험료의 단계적인 인상 과정에서 볼 수 있듯이, 일본 사회는 1990년대 이후 장기간의 경제성장률 정체와 고령화의 진척에도 불구하고 단계적인 보험료 인상을 통해 공적 연금의 명목소득 대체율을 유지해왔다. 이를 고려하면 향후 명목소득 대체율의 지나친 하락보다는 재차 추가적인 보험료 인상을 통해 어느 수준의 명목소득 대체율을 유지해갈 가능성이 크다. 따라서 현재 일본의 공적 연금구조는 유럽의 복지국가들과 유사하게 젊은 세대의 보험료로 은퇴 이후 세대를 연대하여 책임지는 부과방식의 사회보험 성격을 띠고 있다.

[표 1-7] 거시경제 슬라이드 도입을 통한 후생연금 명목소득 대체율 추정

추정 연도	명목소득 대체율	2020년 이후 경제성장률(가정)
2046	51.6%	0.6%
2047	50.8%	0.4%
2058	44.5%	0%

자료: 일본 후생노동성, 2019년 후생연금 재정 검증 결과

노후 소득 강화를 위한 공적 연금 인센티브

최근 들어 일본 정부는 고령층의 확대와 수명 연장에 대비하여 정년 이후에도 일하면서 70세 이후까지 후생연금의 추가 납입을 유도하도록 각종 인센티브를 제공하고 있다. 기존의 70세까지 수급 신청을 추가로 75세까지 연장할 수 있다. 이러면 매월 0.7%포인트씩 후생연금 수급액이 증액된다. 예를 들

면, 65세 수급자가 70세까지 5년간 연장하여 받게 되는 후생연금액이 기존보다 42%가 증액되며, 75세까지 10년간 연장하면 84%까지 증액이 가능해진다.

반면, 65세 이전에 조기 퇴직하여 조기 노령연금을 신청하는 사람에게는 매월 0.4%포인트씩 65세 기준으로 연금 수령액이 감액된다. 하지만 조기 연금의 감액 비율 대비 연기 연금의 증액률이 훨씬 높아서 정년 이후에도 가능한 한 추가로 일할 수 있도록 인센티브를 제공하고 있다. 이는 일본 사회가 급속히 진행되는 고령세대 확대에 대비하여 노후 소득 보장을 위해 얼마나 구체적으로 준비해오고 있는지 확인할 수 있는 사례다.

이상에서 살펴본 대로, 일본의 공적 연금이 정년 이후 대부분 일본인의 경제적 삶을 책임지고 있다고 해도 과언이 아니다. 일본의 후생노동성이 작성한 2019년 국민 생활 기초 조사를 보면, 65세 이상 근로소득이 있는 은퇴자도 공적 연금이 월 소득의 63.6%에 달하고 있고, 공적 연금만으로 생활하는 세대가 48.8%로 절반 가까이에 달하며, 공적 연금이 월 소득의 60~100% 미만인 세대도 26.9%에 달하는 것으로 조사되고 있다. 이처럼 일본의 공적 연금은 일본인에게 정년 이후 생활의 버팀목이 되고 있다.

일본은 전 국민을 후생연금으로 통합

이는 일본의 공적 연금 구조가 한국의 공무원연금 수준으로 잘 정비된데다 상당히 성숙되어 있다는 데 기초하고 있다. 일본의 후생연금 제도가 발족한 이후 80년이 넘는 세월이 흘러 가입자의 최장 납부 기간인 40년(480개월)이라는 사이클이 두 차례나 돌아갈 정도로 성숙되어 있다. 다음은 한국과 달리 후생연금의 소득 비례 보험료율이 18.3%로 한국 9%의 두 배에 달할 정도로 연금적립금 절대액이 매우 크다는 사실이다. 이처럼 연금 보험료율이 큰데도 한국과 달리 연금의 명목소득 대체율을 60% 넘게 유지하고 있다.

그리고 일본의 공적 연금제도에 대해 마지막으로 점검해봐야 할 부분이 있다. 한국과 달리 일본의 공적 연금제도는 국민을 직업별로 차별하지 않는다는 사실이다. 일본은 2015년 10월 일본의 공무원들이 가입한 공제연금이 후생연금으로 통합되어 공무원이나 일반 기업체 근로자나 똑같은 연금제도 하에 관리되고 있다.

이에 대해서는 한국의 공적 연금제도에서 설명하겠지만, 고령화 사회를 대비해온 일본 사회의 정치나 사회 전반적인 시스템이 한국보다 상당히 앞서 있는 선진사회임을 알 수 있다. 한국의 일부 전문가들은 일본 자민당의 장기 집권에 따른 일본의 민주주의를 폄하하고 있지만, 필자는 일본 자민당이 장기 집권할 수 있었던 이유에는 이처럼 일본 국민을 차별하지 않고, 급속한 고령화에도 불구하고 사회보험제도의 정비를 통해 일본인의 삶을 안정시키는 데 크게 이바지했기 때문이라고 생각한다. 한국의 정치인들은 입으로만 민생을 외치지 말고, 이런 일본 사회에서 많이 배워야 한다고 생각한다.

일본은 의료비 지출 60%가 노년층

한 사회가 고령화를 대비하려면 공적 연금제도와 함께 꼭 필요한 것이 공적 의료보험제도다. 정년 이후 아프거나 다칠 때 언제든지 저렴하게 병원에 갈 수 있는지가 노년의 삶의 질을 결정하는 또 다른 중요한 요소다.

일본의 후생노동성 자료에 따르면, 2018년 기준 65세 이상 고령층 의료비 지출이 전체 의료비에서 차지하는 비중은 무려 60.6%에 달하는 것으로 조사되고 있다. 일본 전체 의료비 지출의 60% 이상이 65세 이상 노인들의 비중이다. 이중에서도 75

세 이상 고령층의 비중은 38.1%에 달한다. 일본 사회의 초고령화가 심화하면서 고령층의 의료비 지출 비중은 더욱 확대될 전망이다. 일본 정부는 초고령화 사회를 대비하여 오래전부터 65세에서 74세까지를 전기 고령자, 75세 이상을 후기 고령자로 분류하여 관리하고 있다.

[표 1-8] 일본의 나이별 의료비 지출 비중

구분	65세 미만	65세~75세 미만	75세 이상
의료비 지출 비중	39.4%	22.5%	38.1%

자료: 일본 후생노동성, 2018년 기준

일본은 1958년 국민건강보험법이 제정된 이후 1961년 모든 국민이 의무적으로 가입해야 하는 국민개보험(國民皆保險) 체제를 갖추었다. 일본의 공적 의료보험체계는 보험자의 유형별 직역(피용자 보험), 지역(농어민, 자영업자 등), 나이(후기 고령자)에 따라 분류되는 다보험체계다. 하지만 분류체계만 다르지, 한국의 건강보험처럼 모든 국민이 강제로 가입해야 하는 사회보험제도다. 특히, 지난 2008년 일본 정부는 75세 이상 후기 고령자의 의료비 지출 비중이 급증하자, 후기 고령자 의료비에 대한 세부적 부담 비율을 명확하게 하기 위해 후기 고령자 의료보험을 분리하여 따로 관리하고 있다.

일본의 공적 의료보험 재정 분담 구조

2021년 기준 후생노동성 자료를 통해 일본의 공적 의료재정이 어떻게 분담하고 있는지 알 수 있다. 전체 의료비 지출에서 의료보험료 납부를 통해 50%, 국가와 지자체의 재정으로 38%, 나머지 환자의 자기부담률은 11.6%에 불과하다. 2008년 이후 분리하여 따로 관리하는 후기 고령자(75세 이상)의 의료비 부담은 국가가 50%, 직역과 지역의 의료보험에서 40%, 고령자의 의료보험료에서 10%를 부담한다. 따라서 75세 이상의 과중한 의료비 부담을, 정부와 의료비 지출이 적은 젊은 세대가 분담하는 구조라 할 수 있다. 이처럼 젊은 세대가 연대하여 고령 세대를 지원하는 전형적인 사회보험 구조다.

일본의 의료보험료율은 매년 조금씩 상승 추세에 있다. 직역과 지역 등 각각의 건강보험 분류 체계에 따라 다소 차이가 있다. 2022년 3월 기준으로 각 지역의 도도부현 행정 단위 별로 살펴보면, 니가타현(新潟県)이 9.51%로 가장 낮고, 사가현(佐賀県)이 11%로 가장 높다. 일본의 수도인 도쿄가 속해있는 도쿄지부는 9.81%로 피용자인 직역 의료보험료를 사업주와 각각 반반씩 분담하는 구조다.

[표 1-9] 일본의 전체 의료보험 재정의 부담 구조

구분	의료보험료	환자 부담	국가 부담
부담 비중	50.0%	11.6%	38.0%

자료: 일본 후생노동성, 2021년 기준

일본인 의료비 자기부담률은 10%대 초반

일본인의 병원 창구에서 자기부담비율을 보면, 기본적으로 75세 이상 후기 고령자는 10%이고, 70~74세는 20%, 70세 미만은 30%를 각각 부담하고 있다. 그러나 최근 고령층의 의료비 지출이 급증하면서 소득 있는 고령층에게 추가로 자기부담률을 높이고 있는데, 75세 이상은 소득이 일정 수준 이상이면 20%로, 소득이 현역 세대의 평균 이상이면 30%를 부담하고, 70~74세도 소득이 현역 세대의 평균 이상이면 30%를 부담하는 구조다. 하지만 앞서 살펴본 대로 전체 일본인의 평균적인 의료비 자기부담률은 10%대 초반 수준으로 상당히 저렴하다. 그만큼 공적 연금제도와 마찬가지로 일본 사회의 공적 의료보험 제도 역시 상대적으로 잘 정비되어 있음을 알 수 있다.

한국 건강보험제도의 '자기부담상한 제도'와 유사하게 일본의 공적 의료보험제도에도 '고액요양비 제도'가 있다. 환자가 암과 같은 중증질환으로 인해 수술 등 장기간의 입원 치료가 불가피해 고액의 병원비가 발생하면 의료비 부담이 과중하지 않도록 환자의 연령과 소득에 따라 월별 자기부담 한도액을 정해 과중한 의료비 부담을 줄여주는 제도를 말한다. 고액 요양비 제도는 재정적 위험으로부터 환자를 보호하는 제도다. 따라서 일본인은 노령 이후 일상적인 의료비 부담으로 고통받는 환자들이 그리 많지 않다.

고령층 환자는 기본적으로 자기부담비율이 평균 10%대 수준으로 낮고 의사들 역시 건강보험이 지원되지 않는 비급여 항목에 대한 치료는 권장하고 있지 않기에 한국과 달리 실손의료보험과 같은 민간의료보험에 의존하는 사례는 매우 드물다. 다만, 일부 젊은 세대들이 질병으로 장기간의 입원 치료가 불가피해져 근로소득에 손실이 발생할 위험에 대비해서 질병 시 근로소득 보존을 위한 민간보험 상품에 가입하는 예는 있다.

고령층을 위한 개호보험제도 시행

일본 사회는 사회보험제도로 전 국민 의료보험 제도와 함께 고령화가 심화되면서 고령층의 간병과 돌봄을 위해 2000년부터 개호보험(介護保險) 제도를 시행하고 있다. 한국이 2008년에 도입한 노인장기요양보험 제도와 유사하다. 2000년은 일본의 고령화율이 17.8%에 달했던 시기였다.

일본의 후생노동성 자료를 보면, 65~69세까지는 개호의 지원이 필요한 비율이 3%에 불과하지만, 70세부터는 개호 지원 비율이 증가하여 70~74세는 6%, 75~79세는 14%, 80~84세는 29%, 85세가 넘으면 50% 이상으로 고령층의 절반 이상이 개호 서비스를 받아야 하는 것으로 조사되고 있다. 일본은 2018년 3월을 기준으로 75세 이상 후기 고령자가 64~74세의 전기 고령자를 넘어섰다. 이에 따라 개호보험이 시작되었던 2000년도의 개호보험 비용이 3.3조 엔대에서 2022년에는 13.3조 엔대로 급증하는 추세다.

일본의 개호보험 피보험자는 한국과 달리 만 40세부터 시작하는데, 만 40~만 64세까지를 제2호 피보험자로, 65세 이상은 제1호 피보험자로 분류하여 관리하고 있다. 일본이 이렇게 구분하여 관리하는 이유는 개호보험료의 징수 체계가 다르기 때문이다. 즉, 제2호 피보험자(만 40~만 64세)는 기존의 의료보험 체계가 합산하여 징수하고, 65세 이상은 지방자치단체가 공적 연금에서 공제하여 징수하는 시스템이다. 개호보험료율은 의료보험료율과 마찬가지로 지방자치단체별로 조금씩 차이가 있는데, 2022년 도쿄도지부 기준으로는 월 개인소득의 1.64% 수준으로 피용자인 급여소득자는 사업주와 각각 반반씩 부담하는 구조다.

개호보험제도에 필요한 재원은 피보험자가 50%를 부담하는데 이중에서 소득이 많은 젊은 세대의 제2호 피보험자가 27%를, 나머지 23%를 65세 이상의 제1호 피보험자가 부담하는 형태다. 즉, 개호보험 역시 후기 고령자 의료보험제도와 마찬가지로 세대 간 연대하여 부담하는 사회보험 구조임을 알 수 있다. 그리고 나머지 50%를 국가가 부담하는데 이중에서 정부가 25%, 지자체가 25%를 부담하는 구조다.

[표 1-10] 일본의 개호보험 재정 부담 구조

구분	제1호 피보험자	제2호 피보험자	국가
부담 비중	23.0%	27.0%	50.0%

자료: 일본 후생노동성, 2021년 기준

개호 서비스를 이용하기 위한 절차는 해당 지역의 자치단체에 신청하면, 지자체 개호 심사위원회의 심사를 거쳐 개호 필요 1~5등급과 개호 지원 1~2등급으로 구분하여 등급이 결정되면 지자체가 지정한 개호 서비스 단체와 업무 협약을 통해 서비스를 지원받고, 요양시설 입소를 희망하면 시설 입소를 통해 서비스를 지원받는 형태다. 개호 서비스 이용자는 후기 고령자 의료보험 제도와 유사하게 자기부담비율이 기본적으로 10%이고, 개호 서비스 이용자의 소득수준이 지자체가 정한 일정 소득 이상이면 소득수준에 비례해서 자기부담비율이 20%나 30%로 높아지는 구조다.

2장

60 이후, 한국인 김철수 씨의 삶

김철수 씨의 고달픈 삶

한국은 2024년 65세 이상 고령화 비율이 19.2%에 달할 것으로 예상되며, 2025년에는 20%를 넘어서며 초고령 사회에 진입할 것으로 보인다. 대략 20년 전인 2004년 일본의 고령화율과 유사하다. 일본 사회 고령화율과는 상당한 시차가 있지만, 최근 들어 한국인과 일본인의 소득수준이 유사해진 만큼 한국인의 정년 이후 삶의 사례를 최근 통계 기준으로 살펴보기로 한다.

65세로 법적 정년을 맞은 다나카 상과 달리, 한국의 법적 정년 60세를 맞은 김철수 씨는 정년 전후 삶이 순탄하지 않다. 김철수 씨는 4년제 문과 대학을 나와 중견 건설회사에 취업한 이후 6~7년 단위로(한국의 임금근로자 평균 근속연수) 같은 업종으로 몇 차례 회사를 옮겨 다니다가 법적 정년을 다 채우지 못한 채 50세 초반에 비자발적으로 퇴직하였다. 일찍 결혼하여 대학에 다니는 두 자녀가 있고, 부인은 자녀 양육에 전념하는 전업주부다.

한국 사회에서 50대 초반은 여전히 자녀들의 대학 학비를 지원해야 하고, 결혼할 당시 은행 대출을 통해 구매한 아파트

담보대출의 원리금도 상환해야 하는 등 가계지출이 아직 큰 나이에 해당한다. 통계청의 〈가계동향 조사〉를 보면, 한국 사회에서 50대는 소득과 함께 지출이 가장 많은 연령층에 속한다. 따라서 50대 가장인 김철수 씨는 살림을 꾸려가기 위해서 무엇이든 해야 한다.

한국인 50대의 순 저축액 평균이 6천 6백만 원대로 김철수 씨는 추가로 대출받아 치킨 체인점이나 식당 등 창업을 해보려 했지만, 자영업의 5년 이내 폐업률이 70%가 넘는다는 조사 결과를 보고, 자영업의 꿈을 접기로 했다. 대신 인터넷을 통한 전자상거래가 발전하면서 물류 배송 산업이 크게 확대되는 시장을 지켜보다 대형 택배업체의 택배기사를 지원하여 택배 배송업에 도전하기로 했다.

[표 2-1] 한국의 50대(50~59세) 가구 소득과 소비 지출 구조(단위:만 원)

월간 소득 구성	소득액	월간 지출 구성	지출액
- 근로 소득	483.9	- 소비 지출	365.0
- 기타 소득	206.0	- 비 소비 지출	149.7
합계	689.9	합계	514.7

자료: 통계청 가계동향 조사, 2023년 2분기

택배기사는 택배업체와 계약하여 배송 업무를 하는 개인사업자로서 김철수 씨가 차량을 구입하여 배송해야 하는 자영업 형태의 특수고용직에 해당한다. 한국 사회에서 김철수 씨와 같은 특수고용직은 자영업자와 같이 4대 보험(국민연금, 건강보험, 고용보험, 산재보험)에 스스로 가입해야 한다. 김철수 씨는 저축해놓은 돈에서 2천 500만 원을 빼서 중고 택배 차량을 샀다. 택배 배송업은 거의 새벽에 출근하여 오전에 5~6시간씩 분류 작업을 해야 하고, 이후에 하루 300건 정도 배송을 마치면 오후 8시 정도에나 퇴근하는 매우 고된 직업이다. 택배 배송업의 수입은 고정되어 있지 않고, 택배 배송 물량에 따른 수수료를 급여로 받고 있어 월 수입액은 배송 물량에 따라 결정된다. 무리하지 않고 사고 없이 열심히 일할 때 세금과 각종 비용을 제외하면 월 순수입은 400만 원대 초반이 가능하다. 이는 한국 사회의 50대 전 가구 평균 근로소득에는 못 미치지만, 전업주부였던 부인 역시 대형마트에서 시간제 아르바이트를 하며 생활비를 보태고 있어 그럭저럭 가정 살림을 꾸려가는 상태다.

30대 취업 이후 20년 넘게 납부했던 국민연금 보험료는 택배 배송업 이후 김철수 씨 혼자서 전액을 납부해야 하는 상황이라 납부 예외자로 신청하여 납부가 중지된 상태였다. 국민연금 미납분은 60세에 자금 여력이 생기면 추납으로 전액을 납부할 생각이었다. 하지만 김철수 씨는 법적 정년을 맞은 60세에도 두 자녀가 대학을 졸업했지만 여전히 취업 준비 상태여서 택배 배송업을 지속해야 하는 처지다. 10여 년 가까이 택배 배송을 계속하다 보니 체력적인 한계가 있어 일일 배송량을 크게 줄인 상태고, 그만큼 월 소득도 줄어든 상황이다.

1964년생 김철수 씨가 임금근로자 시절 20년 가까이 납부했던 노령 국민연금을 수급하려면, 만 63세가 되어야 가능해 현재 60세에도 국민연금을 받을 수 없는 상황이다. 50대에 택배 차량 구매 등으로 순 저축액이 3천만 원대로 줄어든 상태이고, 얼마 안 되는 순 저축액은 60대 이후를 대비해 남겨두어야 하는 상황이다. 그래서 지난 10년 가까이 납부하지 않았던 국민연금 추가납입 보험금은 납부하지 않기로 했다.

김철수 씨는 국민연금을 받을 수 있는 63세까지 택배 배송업을 계속하며 버티고 있다. 김철수 씨가 만 63세가 되어 받을 수 있는 노령 국민연금은 97만 원 정도로, 현재 20년 이상 국민연금을 납부한 사람들이 받는 평균 노령연금 수준과 비슷하다. 김철수 씨가 63세에 수령할 수 있는 노령 국민연금 97만 원은 현재 한국의 65세 이상 2인 이상 가구주의 월평균 공적 연금소득액 106만 원대에 미치지 못하는 금액이다. 통계청이 집계하고 있는 65세 2인 이상 가구의 공적 연금소득에는 국민연금보다 수급 금액이 많은 특수직역연금(공무원, 교사, 군인 등)이 포함되어 있기 때문이다.

김철수 씨가 젊은 시절 평균 임금소득으로 20여 년을 납부하여 받을 수 있는 국민연금 월 97만 원의 명목소득 대체율은 67% 수준으로 비교적 높다. 김철수 씨의 명목소득 대체율은 일본인 다나카 상보다 조금 더 높은 수준이다. 이는 현재 국민연금 명목소득 대체율이 40%대에 근접하고 있지만, 국민연금 가입 초기에는 70~50% 수준으로 매우 높았기 때문이다.

일본의 다나카 상과는 달리 한국인 김철수 씨는 공적 연금만으로 65세 이상 고령 가구의 월평균 지출액 258만 원대를 메우기에 턱없이 부족한 금액이다. 한편 다나카 상보다 무려 7배 가까이 적은 순 저축액으로 인해 김철수 씨는 65세 이후에도 생계를 위해서는 계속해서 일해야 하는 상황이다. 김철수 씨 부부가 65세 이후에 기초연금의 수급 자격이 되기 위해서는 2023년 기준으로 월 소득 인정액이 323만 원대 이하여야 가능하다. 부부가구 기준 51만 원대의 기초연금을 받기 위해서는 택배 배송업을 중단해야 하는데 쉽지 않은 상황이다. 또한 김철수 씨는 일본 사회보다 상대적으로 낮은 건강보험 보장률로 인해 향후 병원 치료가 필요할 때 병원비 자기부담률이 다나카 상보다 세 배나 높은 30% 이상을 지출해야 한다.

한국인과 일본인의 평균수명은 1년 남짓 정도밖에 차이가 나지 않는다. 2010년도 일본 후생노동성이 발표한 생애 주기 의료비 지출액을 그대로 적용하면, 김철수 씨는 65세 이상에서 58% 정도를 지출할 것으로 추정된다. 이럴 때 일본의 10%대 초반 자기부담률에 비해 한국은 고령세대들도 평균 30%대 자기부담률로 인해 소득이 줄어든 노인세대일수록 의료비 부담으로 고통받을 가능성이 매우 크다. 김철수 씨는 65세 이상부터 노인 요양보험 서비스도 등급에 따라 받을 수 있는데, 일본의 평균 소득자 자기부담률 10%보다 많은 15~20%를 부담해야 한다.

정년 이후 한국인 가구의 가계수지

한국은 일본과 같이 통계청에서 정년 이후 표준 가구 모델의 월간 가계수지 동향을 발표하지 않는다. 하지만 한국의 통계청은 매 분기 단위로 나이별 가계동향 조사를 발표하고 있다. 이 나이별 가계수지 동향 중에서 65세 이상 2인 가구의 가계수지 동향을 통해, 정년 이후 한국인 가구의 평균 경제적 삶이 어떤지 들여다볼 수 있다. 이 조사를 토대로 정년 이후 일본인의 삶과 무엇이 다른지 비교해보자.

우선, 통계청의 65세 이상 2인 이상 가구의 2021년 말 기준 가계수지 동향을 살펴보면, 65세 이상 2인 가구주의 월평균 소득이 328만 5천 원 수준으로 상당히 높다. 그러나 65세 이상 2인 가구주의 평균 연령이 72.9세임에도 불구하고 근로소득과 사업소득의 비중이 64.3%에 달한다. 한국은 65세 이상의 고령층이 받는 공적 연금의 소득액이 절대적으로 적어 고령층 상당수가 생계를 위해 임금 근로에 참여하는 예가 많기 때문으로 보인다. 게다가 일부 고령층 전문직과 사업자의 소득이 매우 높아 65세 이상의 평균 소득을 높여 놓았을 가능성이 크다. 이에 대해서는 다른 장에서 설명하겠다. 다만, 정년 이후 일본인의 삶과 비교해보기 위해 한국도 정년 이후 무직 상태라는 가정에 따라 근로소득과 사업소득을 배제하고 공적 연금과 기타 소득만 있다는 전제 하에 가계수지를 파악해보자.

65세 이상 가구의 월평균 공적 연금 106만 원

통계청의 나이별 가계소득에는 국민연금과 기초연금 같은 공적 연금이 이전 소득 항목에 포함되어 집계된다. 이전 소득에는 공적 연금뿐 아니라 자식들에게 받는 생활비 보조와 사적 개인연금도 포함되어 있다. 여기서 공적 연금만 따로 분류하고 나머지 이전 소득은 기타 소득에 포함해 앞서 살펴본 일본의 사례와 같은 형태로 분류해보았다. 이럴 때 공적 연금은 105만 7천 원이고, 사적 이전 소득과 개인연금, 재산 소득이 포함된 기타 소득은 27만 1천 원으로 65세 이상 무직 상태 한국인의 월간 소득 총액은 132만 8천 원 수준이다. 일본 사례와 비교하면 거의 1백만 원 정도 적은 금액이다.

따라서 월간 소비 지출액 257만 8천 원을 빼면 월 125만 원 적자 상태가 된다. 2021년 현재 한국의 노령 국민연금 평균 지급액이 55만 원 정도임을 고려하면, 65세 이상 가계수지에 집계되는 공적 연금이 100만 원이 넘는 것은 소득 하위 70%의 노인세대에 지급되는 기초연금과 국민연금보다 3~4배 이상인 공무원과 사학연금 그리고 군인연금 등 특수직역연금 수급자가 포함되어 있기 때문으로 분석된다.

[표 2-2] 무직의 65세 이상 2인 이상 고령자 가구의 가계수지 동향(단위: 만 원)

월간 소득 구성	소득액	월간 지출 구성	지출액	월간 적자
- 공적 연금	105.7	- 소비 지출	206.5	
- 기타 수입	27.1	- 비 소비 지출	51.3	
합계	132.8	합계	257.8	125.0

자료: 통계청 가계수지 동향, 2021년 기준

가계수지 적자를 메우려면 매월 16일 정도 일해야

2021년 기준 일본인의 정년 이후 가계수지와 비교해보면, 정년 이후 한국인과 일본인 가구의 지출 규모는 각각 258만 원과 26만 엔(원화로 260만 원) 수준으로 매우 비슷하다. 그러나 공적 연금이 발달한 일본의 가계소득은 한국에 비해 100만 원 이상 높고, 이것이 정년 이후 무직 상태에서 한국인과 일본인의 가계수지 적자 차이로 이어진다. 따라서 정년 이후 일본인은 어느 정도 저축이 있으면 무직 상태로도 생활할 수 있지만, 한국인은 전혀 다르다. 한국인은 월간 125만 원의 적자를 메우기 위해서 2023년 최저 시급 기준으로 하루 8시간씩 꼬박 16일 일해서 126만 원 정도 소득을 얻어야 가능하다. 결국 평균적인 한국인은 정년 이후에도 근로소득이나 자영업 등 사업소득 창출 없이는 가계수지 균형을 이룰 수 없는 구조다.

정년 이후 적자 상태를 일본의 사례와 비교하기 위해 30년 간 누적 적자를 합산하여 얼마의 저축액이 필요한지 점검해보면 아래 표와 같다. 한국은 2019년에서 2022년 사이 65세 이상이 무직 상태에서 월간 98만 원에서 125만 원 사이의 적자 상태를 지속하고 있다. 이를 30년 누적하면 대략 3억 5천만 원에서 4억 5천만 원대에 달한다. 일본 사회의 공적 연금 소득 차이로 인해 한국인이 정년 이후 대비해야 할 가계수지 누적 적자 규모는 일본의 2천만 엔(2억 원) 수준에 비해 두 배 이상 더 크다.

[표 2-3] 무직의 65세 이상 고령자 가구의 월간 가계수지 적자 추이(단위: 만 원)

연도	월간 소득	월간 지출	적자 폭	30년 누계 적자
2019	116.3	236.1	119.8	4억 3,128
2020	131.8	230.1	98.3	3억 5,388
2021	132.8	257.8	125.0	4억 5,000
2022	139.1	259.0	119.9	4억 3,164

자료: 한국 통계청 가계수지 동향을 바탕으로 추정

한국인과 일본인의 정년 이후 순 저축액 차이

그렇다면 60세 이상 한국인 고령층의 부채를 제외한 순 저축액은 얼마나 될까? 2022년 한국은행이 발표한 〈가계금융복지 조사〉를 통해, 2020년에서 2022년까지 3년간 2인 이상 60

세 가구주와 65세 가구주의 저축액에서 금융부채를 뺀 순 저축액은 3,200~3,800만 원 수준으로 60세 이상 가구주가 65세 이상 가구주보다 약간 많은 상태다. 일본인의 65세 이상 가구주 저축액 2억 1~2천만 원대와 비교하면 15~17% 수준에 불과하다. 결국 한국인이 정년 이후 일하지 않는 상태로 가계수지 적자 상태에서 버틸 수 있는 기간은 최대 30개월 정도에 불과하다.

[표 2-4] 2인 이상 60세 이상 가구주의 순 저축액 추이(단위: 만 원)

연도	저축액	금융부채	순 저축액
2020	6,630	3,174	3,456
2021	7,247	3,592	3,655
2022	7,574	3,704	3,870

자료: 한국은행 가계금융복지 조사

[표 2-5] 2인 이상 65세 이상 가구주의 순 저축액 추이(단위: 만 원)

연도	저축액	금융부채	순 저축액
2020	5,618	2,388	3,230
2021	6,299	2,628	3,671
2022	6,243	2,685	3,558

자료: 한국은행 가계금융복지 조사

정년 이후 한국인 순자산 90%가 부동산

그렇다면 한일 간 1인당 소득수준의 차이가 없는데도 일본인보다 한국인의 순 저축액이 이렇게까지 작은 이유는 무엇일까? 여러 이유가 있을 수 있지만 그중에서 중요하게 지적되는 것이 한국인 순자산에서 부동산의 비중이 너무 높다는 것이다. 순자산에는 순 저축액도 포함되어 있다. 2020년 이후 60세 이상 가구주의 순 자산액은 3억 7천만 원대에서 4억 8천만 원대로 3년간 1억 원 이상 증가하였다. 그러나 한국인은 순자산의 90% 가까이가 부동산이라는 사실이다. 일본 노후 세대의 가계자산의 부동산 비중을 살펴보면, 60대는 59.4%, 70대는 61.7%, 80대 이상은 65.3%로(2019년 기준) 한국보다 상대적으로 낮다. 결국 한국인은 60대 이후 자신이 보유하고 있는 순자산의 구성 내역이 3천만 원 대의 순 저축에다 거의 아파트 한 채뿐이라는 것을 알 수 있다.

한국의 부동산 값이 상대적으로 비싸다는 것은 모두 아는 사실이다. 특히, 서울 지역 아파트의 평당 가격이 일본 도쿄 맨션의 평당 가격을 추월한 지 상당히 오래된 것으로 조사되고 있다. 결국 한국인은 대부분 은행 대출을 통해 비싼 주택을 마련하고, 근로소득으로 평생 동안 은행 대출을 상환하고 나면,

몇천만 원 수준에 불과한 순 저축액과 주택 한 채를 가지고 정년을 맞게 된다는 것이 한국인의 일반적인 자화상(自畵像)이다.

한국인은 현재 살고 있는 주택 한 채 가격이 아무리 비싸도 아주 싼 지역으로 이사하지 않는 한 여유 자산이 되지 못한다. 특히, 대부분 사람들이 나이 들수록 익숙한 곳에서 계속 살기 원하는 속성이 매우 강하다는 점에서, 한국인은 정년 이후에도 생계를 위해서 일을 할 수밖에 없는 상황이다. 이를 반영 OECD 국가 중에서 한국인 노령층의 취업률이 가장 높다.

[표 2-6] 60세 이상 가구주의 순자산과 부동산 비중

연도	순자산(A)	부동산(B)	B/A 비중
2020	3억 7,422만 원	3억 3,350만 원	89.1%
2021	4억 3,211만 원	3억 8,462만 원	89.0%
2022	4억 8,327만 원	4억 3,329만 원	89.6%

자료: 한국은행 가계금융복지 조사

정년 이후 일본인보다 한국인의 순 저축액이 적었던 또 다른 이유를 찾아보자면, 4장 [그림 4-1](134쪽) 한국과 일본의 1인당 GDP 추이에서 볼 수 있는 것처럼 한국인의 1인당 GDP가 일본에 근접한 것은 2015년 이후로 얼마 되지 않았다는 점이다. 현재 정년을 맞은 60대 이상 한국인이 30~40대 젊은 시절

이었던 1990~2000년대는 1인당 소득수준이 일본의 1/3~1/2 수준에 불과해서, 젊은 시절 충분한 저축이 가능하지 않았음을 알 수 있다.

과잉 교육투자도 고령세대 빈곤화의 주범

마지막 이유는 한국인이 자식에게 너무 많이 투자하는 교육비를 들 수 있다. 교육열은 일본도 한국 못지않지만, 여전히 한국에는 미치지 못한다. 일본 문부과학성의 2020년 자료를 보면, 전문대를 포함한 일본의 대학 진학률은 54.4%, 한국의 70% 초반 수준으로 15%포인트 가까이 낮다. 일본이나 한국이나 자식 한 명 출산하여 양육하고 대학 졸업까지 드는 비용은 실로 어마어마하다. 양국 모두 저출산 원인에서 중요한 이유 하나가 과도한 교육비 부담이다. 오래된 자료지만 일본 AIU 생명회사가 2005년 기준 자녀 한 명을 대학까지 졸업시키는 비용을 추정해 발표한 적이 있다. 이를 보면 일반 가정에서 드는 양육비, 초·중고와 공립대학 졸업까지 비용은 2천 985만 엔, 초·중고와 사립대학까지는 3천 407만 엔, 사립대 의대나 치대를 졸업할 때까지 비용은 무려 6천 46만 엔이 드는 것으로 추정했다.

한국 역시 일본과 비슷한 시기인 지난 2006년에 보건사회 연구원 가족 보건복지 실태조사에서 자녀를 출산하여 양육에서 4년제 대학 졸업까지 드는 비용이 2억 3천 199만 6천 원이 드는 것으로 추정해 발표한 바 있다. 한국의 조사에는 대학의 공사립 여부를 구분하여 발표하지 않았지만, 일본의 공립 대학까지 드는 비용에 비해서는 6천만 원 정도 적은 수준이다. 2005년도 한국의 1인당 GDP가 일본의 절반 수준이었음을 참작하면, 자녀 양육과 교육비에 드는 비용이 현재의 일본보다 적다고 할 수 없다. 2006년 기준으로도 가구소득 중에서 자녀 양육비가 차지하는 비용이 46.4%에 달했다는 점에서, 최근 한국의 극심한 저출산 요인으로 과중한 자녀 양육비와 교육비 부담을 예로 든다고 볼 수 있다.

　2006년 보건사회연구원의 추정 자료를 기반으로 2022년까지 소비자물가 상승률만큼 자녀 양육비와 교육비 인상을 가정한다면, 2022년까지 자녀 한 명이 대학 졸업까지 드는 비용은 대략 3억 3천만 원 수준으로 추정할 수 있다.

　지금은 자녀 양육에 대한 정부의 각종 지원이 이루어지고 있지만, 각종 학원비나 과외 등 사교육비 인상률이 소비자물가 상승률보다 훨씬 높다. 최근에는 더 좋은 대학에 진학하기 위해 재수나 삼수가 만연하고 있는 상황임을 고려하면, 자녀 한 명에 드는 비용은 3억 3천만 원대보다 훨씬 클 것으로 본다. 따라서 현재 정년을 맞은 60세 이상 세대는 일본 사회보다 대학 진학률이 15%포인트나 높았던 시기로, 자식에 대한 교육비 과잉투자가 정년 이후 순 저축액을 축소하는 결과를 가져왔을 것으로 분석된다. 그리고 한국 사회는 자녀가 결혼하면 주택 전세금 마련 등으로 부모가 부담해야 하는 비용이 대학 졸업까지의 비용만큼이나 커서 부모 세대의 노후 자산 형성에 큰 걸림돌로 작용하고 있다.

부실하게 설계된 한국의 국민연금제도

정년 이후 한국인의 경제적인 삶이 일본인과 크게 다른 것은 한국 사회의 부실하게 설계된 공적 연금제도에 기인한다. 한국의 공적 연금인 국민연금은 일본의 후생연금과 유사한 제도다. 국민연금은 일본의 후생연금과 마찬가지로 소득이 있는 사람이면 의무적으로 가입해야 하는 사회보험이다.

한국의 국민연금 제도는 1988년 직장가입자부터 시작하여, 1995년에는 자영업자를 중심으로 한 지역가입자도 국민연금에 포함되었다. 직장가입자를 기준으로 보면, 국민연금은 이제 36년 정도의 시간이 지났다. 80여 년이 넘는 일본의 후생연금과 비교하면 성숙도에서 비교가 되지 않는다. 일반적으로 공적연금의 명목소득 대체율은 40년간 납부 기준으로 정해진다는 점에서 보면, 한국의 국민연금이 완전한 성숙 단계에 진입하려면 앞으로도 4년 이상 시간이 더 필요한 상태다.

국민연금은 설립 초기 직장가입자 보험료율 3%에서 출발하여 1993년 6%, 1998년부터 9%로 상향한 이후 무려 25년째 9% 상태를 지속하고 있다. 국민연금의 보험료율 역시 일본과 같이 직장 급여소득자는 이 9%를 사업주와 4.5%씩 반반 부담하는 구조다. 하지만 자영업자나 특수고용직 종사자는 가입자가 전액 부담한다.

[표 2-7] 국민연금 보험료율 추이

연도	1998~1992	1993~1997	1998년 이후
보험료율	3%	6%	9%

자료: 국민연금법

25년 허송세월한 국민연금 개혁

한국의 국민연금 구조가 지금처럼 부실한 이유는 1998년에 9%로 보험료율이 고정된 이후 보험료율 인상 없이 무려 25년이나 되는 시간을 허송세월로 보냈기 때문이다. 또한 소득 대체율을 하향 조정했던 2007년 이후 17년째 어떤 식으로든 국민연금 구조 개혁이 진행되고 있지 않다. 이 30여 년은 전반적으로 한국인의 소득수준이 급격히 상승했던 기간이었다. 1998년은 한국의 1인당 GDP가 1만 달러에 근접했던 시기였고, 그후 2006년에 2만 달러, 2017년에는 3만 달러에 진입하며 고속 성장하는 시기였다.

하지만 이 기간 국민연금 보험료율의 인상은 없었다. 한국의 1인당 소득수준이 일본만큼 높아졌다는 것은 보험료율 인상을 통해 일본의 공적 연금 구조를 갖출 수 있는 시기였음을 의미한다. 그러나 한국 사회는 지난 25년이나 되는 긴 세월 동안 국민의 소득수준 향상에도 불구하고 공적 연금을 통한 국민의 노후 생활 안정에 전혀 관심이 없었다. 지금도 이와 같은 상황은 지속되고 있다.

한국의 정치권은 여야를 떠나 민생을 외쳐왔지만, 실질적으로 국민의 삶을 안정시키는 사회제도 정비는 철저히 외면해왔다. 어느 사회나 공적 연금 같은 사회제도를 개혁하려면 이해 당사자 간 갈등이 첨예하게 부딪칠 수밖에 없다. 공적 연금 제도 측면만 본다면, 한국에 비해 상대적으로 일본의 정치가 자국민의 정년 이후 경제적 삶을 증진하기 위해서 얼마나 오랫동안 노력해왔는지 확인할 수 있다.

국민연금의 명목소득 대체율은 국민연금 가입자가 평균 소득으로 40년간 납부 시 얼마나 받을 수 있는지의 비율을 말한다. 국민연금의 초기 명목소득 대체율은 70%에서 1999년에 60%대로 2007년 노무현 정부의 연금 개혁을 통해 50%대로 낮춰졌고, 이후 매년 단계적으로 낮아져 2028년에는 40%까지 낮아진다. 2028년 명목소득 대체율 40% 기준으로 보면, 100만 원 소득자 기준으로 연금보험료 9%를 40년간 납부 시 매월 40만 원의 국민연금을 받을 수 있다. 평균 소득 기준이 200만 원일 때 40년간 납부 시 매월 80만 원씩 받을 수 있다. 그러나 국민연금은 평균 소득 기준보다 낮은 소득일 때 40% 이상 받고, 평균 소득 기준보다 높은 소득이면 40% 이하로 받도록 설계되어 있다. 이를 국민연금의 소득 재분배 기능이라 한다. 따라서 한국인의 정년 이후 노후 소득을 높이기 위해서는 우선 국민연금의 명목소득 대체율을 인상해야 한다.

[표 2-8] 국민연금의 명목소득 대체율 추이

연도	1988~1998	1999~2007	2008년 이후	2028
명목소득 대체율	70%	60%	50%~	40%

주: 국민연금 명목소득 대체율은 가입자 평균 소득 기준으로 40년 납부 시를 가정
자료: 국민연금법

일본의 후생연금 기준 적정 국민연금 보험료는 12%

국민연금의 명목소득 대체율은 왜 계속해서 낮아졌을까? 그 이유는 국민연금의 절대 보험료율이 매우 낮았기 때문이다. 이는 일본의 후생연금과 비교해보면 금방 알 수 있다. 양국의 현재 보험료율은 한국은 9%지만, 일본은 우리의 두 배가 약간 넘는 18.3%다. 향후 한국과 일본의 평균 소득자가 40년간 납부할 때 한국인은 40% 초반을, 일본인은 60% 초반을 받을 수 있다. 즉, 100만 원이 기준 소득이면 한국은 40만 원 초반, 일본은 60만 원 초반을 수급할 수 있다.

일본의 후생연금은 국민연금 보험료의 두 배 이상을 납부하고 60% 초반을 받아가지만, 한국은 9%를 납부하여 40% 초반을 받을 수 있다는 점에서 한국의 국민연금 명목소득 대체율은 일본에 비해 상대적으로 후하게 설계되어 있다. 결국 한국 국

민연금은 낮은 보험료율 하에서 연금 고갈을 막기 위해 지속적으로 명목소득 대체율을 낮춰왔던 것이다. 한국 사회에서 5년 단위 연금 재정 추계 시마다 국민연금의 고갈 가능성에 시달리는 이유가 여기에 있다.

일본의 현재 연금보험료율과 명목소득 대체율이 연금 고갈 없이 유지할 수 있는 수준이라고 가정한다면, 한국의 명목소득 대체율 40%가 지속될 수 있기 위해서는 국민연금 보험료 수준을 현재의 9%에서 12%대로 3%포인트 정도를 추가로 올려야 한다. 향후 한국의 국민연금 기금 고갈을 막고 정년 이후 노령층의 연금 소득을 강화하기 위해서는 국민연금 보험료 인상이 무엇보다 시급한 과제가 되었다.

[표 2-9] 현재 한국의 국민연금과 일본의 후생연금 비교

구분	국민연금	후생연금
보험료율	9%	18.3%
명목소득 대체율	40% 초반	60% 초반

자료: 한국 국민연금법, 일본 연금 기구, 2019년 기준

국민연금의 평균 소득 기준은 일본의 68% 수준

실제 2019년 기준으로 한일 양국의 공적 연금 평균소득 기준은 한국이 243만 원, 일본은 35.7만 엔(원화로 357만 원)이었다. 평균 소득 기준이란 한일 양국의 공적 연금이 평균 소득 기준으로 보험료를 부과하여 40년간 납부 시 명목소득 대체율을 산정하는 기준이 되는 소득을 의미한다.

이를 기준으로 보면, 향후 한국인은 40년 납부 시 97만 원 정도 수급할 수 있고, 일본인은 22.4만 엔 정도(원화로 224만 원)를 수급할 수 있다. 여기서 드는 의문 하나는 최근 들어 한일 양국의 소득수준이 상당히 비슷해졌는데도 한국의 국민연금 평균소득 기준이 일본의 68% 수준으로 상당히 낮다는 사실이다. 국민연금의 평균소득 기준이 상대적으로 낮은 것 역시 국민연금 수급 금액을 낮추는 요인으로 작용하고 있다.

다음 표에서 볼 수 있는 것처럼 한국의 1인당 국민소득 수준이 일본에 근접하면서 실제 가구당 명목소득은 오히려 일본보다 높아졌다. 엔 원화 환율을 1대 10으로 가정해서 2020년 기준으로 보면, 한국 가계의 명목소득이 전체 가구와 65세 이상 노령 가구 모두에서 일본에 비해 20%포인트나 높다. 따라서 일본의 후생연금에 비해 국민연금은 보험료 납부의 기준이 되는 소득수준이 현실 소득을 제대로 반영하지 못하고 낮게 설정되어 있는 셈이다. 낮은 명목소득 대체율과 함께 낮은 평균 소득 기준 역시 국민연금이 한국인의 노후 소득 안정을 가로막고 있는 중요한 걸림돌이 되고 있다.

[표 2-10] 한일 양국의 2인 이상 가구의 월간 소득 비교

구분	한국	일본
전체 가구	564.3만 원	47.0만 엔
65세 이상	332.9만 원	27.7만 엔

자료: 한국 통계청 가계동향 조사, 일본 총무성 가계조사 연보, 2020년 기준

이제부터는 현재의 국민연금 상황을 더 구체적으로 살펴보자. 국민연금공단 통계에 따르면 2023년 9월 기준으로 국민연금 노령연금 수급자는 544만 명으로 65세 이상 인구 대비 57.6%에 달하지만, 평균 수급 금액은 약 62만 원 정도에 불과하다. 노령연금 수급자 중에서 20년 이상 가입자의 수급자 비율은 겨우 7.7%에 불과하다. 향후 국민연금의 성숙도가 높아질수록 장기가입자 비중은 높아지겠지만, 한국의 노동시장 특성을 고려하면 한계가 있을 수밖에 없다.

가입 기간을 고려한 실질소득 대체율은 20% 수준

한국의 노동시장 구조는 일본에 비해 열악하다. 남성을 기준으로 한국 임금근로자의 근속연수는 6~7년으로, 13~14년인 일본의 절반에 불과하다. 한국인의 짧은 근속기간에도 불구하고 오랫동안 임금근로자로 남을 수 있다면 국민연금 납부 기간을 늘릴 수 있겠지만, 임금근로자는 대체로 40대 후반이나 50대 초반이면 직장에서 비자발적 강제 퇴직을 당해야 하는 것이 일반적이다. 이를 고려하면, 국민연금의 20년 이상 장기납부자 비중이 그렇게 많이 증가할 가능성은 높지 않다.

2015년 연금 포럼의 〈국민연금 이력 자료에 의한 계층별 생애 기간 전망 모형〉에 따르면, 한국 국민연금 가입자의 가입 기간 평균을 20.7년으로 추정하고 있고, 근로소득 상위 20% 정도만 27.6년의 가입 기간이 될 것으로 추정했다. 현재 40년을 기준으로 하면, 9%의 낮은 연금 보험료율임에도 후하게 설계된 것은 맞지만 국민연금의 명목소득 대체율 40%는 명목상 수치에 불과하다. 실제 현장의 가입 기간을 고려하면 국민연금의 실질소득 대체율은 20% 수준이다.

[표 2-11] 노령국민연금 유형별 수급액

구분	20년 이상	10~19년	조기 연금	평균 (특례 제외)
금액(만 원)	108.6	42.0	66.1	61.9

자료: 국민연금보험공단, 2023년 9월 기준

조기 연금 수령을 부추기는 한국의 법적 정년

한국의 국민연금은 보험료를 10년 이상 납부하면 61세부터 수급 자격이 주어지지만, 2024년 60세가 되는 1964년생들은 만 63세가 되는 2027년부터, 1969년 이후는 65세가 되는 2034년부터 수급 자격이 생긴다. 현재 한국의 법적 정년은 60세로 정해져 있어 비자발적 조기퇴직으로 소득이 끊긴 가입자들이 조기 노령연금을 받을 수밖에 없는 상황이다. 실제 2023년 9월 기준으로 보면, 조기 노령연금 수급자가 83.4만 명으로 전체 노령연금 수급자의 15.3%에 달해, 20년 이상 완전 노령연금 수급자 수에 거의 근접하는 수준이다.

일본 사회는 법적 정년 65세와 후생연금 수급 권리가 주어지는 65세가 정확히 일치하게 설계되어 있다. 하지만 한국은 너무 이른 비자발적인 조기퇴직에다 국민연금 수급권리 역시 법적 정년 간에 몇 년씩 갭이 생겨 국민연금의 조기 수령을 부추기는 상황이다. 2024년 이후에도 법적 정년과 연금 수급권리 사이에는 3~5년이라는 시차가 발생한다. 가능한 한 빨리 법적 정년을 연장하지 않으면 조기 노령연금의 수급을 더욱 부추길 수 있다. 한국은 고령화 사회를 대비하여 국민연금 수급기간에 맞춘 법적 정년 연장이 시급한 과제가 되고 있다.

[표 2-12] 노령연금 수급자 분류

전체 노령연금 수급자	20년 이상 완전 노령연금 수급자	조기 노령연금 수급자
544만 명	97.7만 명(17.9%)	83.4만 명(15.3%)

자료: 국민연금공단, 2023년 9월 기준, ( )는 전체 노령연금 수급자에 대한 비중

국민연금 구조 개선 희망은 여전히 암담

한국의 국민연금 제도가 세대 간 연대를 통한 사회보험제도의 성격을 띠고 있는 것은 사실이다. 그리고 한국의 국민연금이 일본에 비해 낮은 보험료율임에도 상대적으로 후하게 설계된 것 역시 사실이다. 그러나 지금처럼 절대적으로 낮은 보험료율 체계 하에서 추가로 명목소득 대체율을 높이기는 어려울 것이다. 여기에 앞에서 살펴본 대로 국민연금 납부의 기준이되는 낮은 평균 소득 기준, 국민연금의 장기 납부를 가로막는열악한 노동시장 환경 그리고 국민연금 수급 권리에 비해 상대

적으로 짧은 법적 정년 등으로 인해 단기적으로 한국인이 정년 이후 안정적인 노후 소득을 보장받는 것은 사실상 불가능한 상황이다. 그래서 국민연금이 노후 소득을 보장하는 수단이 아니라 '용돈 연금'이라는 비아냥이 그냥 나온 말이 아니다.

국민연금이 노후 소득 보장으로의 제도 개선은 여전히 희망적이지 않다. 2024년은 국회 산하 국민연금 재정 안정을 위한 5년 단위 국민연금 재정의 추계를 시작한 지 벌써 5번째가 되었다. 연금개혁 특위의 민간 전문위원회는 주로 교수 중심으로 구성되어 있다. 이 재정특위에서 2024년에 논의한 국민연금 개혁 방안의 시나리오 하나는 보험료율을 6%포인트 높이고, 현재 40% 명목소득 대체율을 오히려 2.5%포인트 낮추는 안이 제시된 바 있다.

이 시나리오대로라면, 국민연금보험료를 현재 9%에서 15%로 올리더라도 국민연금의 명목소득 대체율을 현재 40%에서 37.5%로 더 낮추자는 방안이다. 이러면 국민연금 고갈 시점이 기존의 2055년에서 2071년까지 16년 정도 늦춰질 수 있다고 한다. 한마디로 국회 산하 국민연금 재정특위가 국민연금의 구조 개선을 통해 실질적인 노후 소득 보장을 마련하는 것에는 관심이 없고, 오직 연금 재정의 고갈을 막으려는 방안만 제시되고 있다고 해석할 수 있다. 결국 안정된 사학연금을 받는 교수들이 국민연금 개혁에 얼마나 진정성이 있을지 의문이다. 또한 국민연금제도를 주관하는 보건복지부 공무원들은 공무원연금을 받는 부서다.

[표 2-13] 국민연금기금의 재정수지 전망

구분	최대 적립 기금 시점	수지 적자 시점	기금 소진 시점
제5차 재정 추계	2040년(1,755조 원)	2041년	2055년
제4차 재정 추계	2041년(1,778조 원)	2042년	2057년

주: 수지 적자 시점은 당해 연도 지출이 총 수입(보험료 수입+기금 운용 수익)을 상회할 때, ( )는 적립 기금 규모
자료: 제5차 국민연금 재정 추계 보고서

국민연금과 특수직역연금 제도 비교

앞서 살펴본 대로 일본의 후생연금 정도의 기금 구조를 유지하기 위해서는 국민연금 보험료율을 기존 9%에서 12% 정도로 3%포인트 인상하면 기금 고갈 없이 명목소득 대체율 40%를 유지할 수 있다. 이 수준 이상으로 올리는 것은 기금 소진에 대한 과도한 우려로 볼 수 있다.

이 우려의 또 다른 근거는 국내 특수직역연금 구조다. 국내

에서는 공무원연금, 사학연금, 군인연금을 국민연금과 별도로 관리하는 특수직역연금 제도가 있다. 일본 사회는 지난 2015년 공무원연금인 공제연금을 후생연금과 통합하면서 일본의 공적 연금을 후생연금 하나로 통합하여 관리하고 있다. 하지만 한국 사회는 특수직역연금을 국민연금으로 통합하려는 논의가 단 한 차례도 없었다. 이는 한국 사회가 앞으로도 공무원, 교사, 군인 등을 특수한 직업군으로 분류하여 차별적으로 관리하겠다는 의도로 볼 수밖에 없다. 한 나라에 두 부류 국민이 존재하는 것과 같다.

한국의 특수직역연금 구조를 국민연금과 비교하면 다음의 표와 같다. 명목소득 대체율 계산 시 국민연금 지급률은 2028년 기준으로 매년 1%로 했으며, 공무원연금과 사학연금의 지급률은 재직 기간에 따라 조금씩 차이가 있지만, 장기적으로 1.7%까지 단계적으로 낮아지는 것을 고려하여 1.7%로, 군인연금은 1.9%로 계산하였다. 지급률은 근무연수마다 조금씩 다른 연금의 명목소득 대체율을 매년 단위로 환산한 지표다. 이러면 40년 재직 시 공무원과 사학연금의 명목소득 대체율은 68%대, 군인연금은 76%대에 달한다. 절대 보험료율을 기준으로 한 명목소득 대체율의 혜택은 군인연금이 가장 크고, 그다음이 국민연금, 공무원과 사학연금 순이다.

그러나 특수직역은 개인이 자발적으로 그만두지 않는 한 정년이 보장되어 있어 공적 연금제도로서 노후 소득 보장의 혜택이 가장 크다고 볼 수 있다. 한국의 특수직역연금의 명목소득 대체율은 일본의 후생연금에 비해서도 6%~14%포인트나 높다. 따라서 한국 사회의 공적 연금 고갈 문제를 해결하려면 국민연금뿐 아니라 특수직역연금도 함께 다루어야 형평성에 맞다. 또한 장기적으로는 일본처럼 공적 연금을 차별화하지 않고 하나로 통합하는 것이 사회통합 차원에서 옳다는 생각이다.

[표 2-14] 국민연금과 특수직역연금 비교

구분	국민연금	공무원과 사학연금	군인연금
보험료율	9%	18%	14%
40년 기준 명목소득 대체율	40%	68%	76%

자료: 국민연금법 및 각 특수직역연금법

국민연금의 사각지대 너무 넓어

국민연금 구조의 또 다른 문제는 사각지대가 너무 넓다는 것이다. 2021년 보건복지부가 국회 국정감사에 제출한 국민연금 가입 실태에 따르면, 총 인구 3,116만 명 중에서 비경제활동과 납부예외자, 장기체납자 등으로 37.3%인 1,162만 명이 국민연금 제도 밖 사각지대에 남아있다. 국민연금 가입 대상자 중에서도 지역가입자의 36%가 넘는 사람들이 소득이 없다는 이유로 납부예외자로 지정되어 있다. 여기에다 13개월 이상 장기체납자를 합치면 400만 명이 넘는 18.5%가 국민연금 가입 대상자이면서 사실상 국민연금 납부를 거부하고 있다. 결국 국민연금 사각지대는 장기적으로 우리 사회에서 정년 이후 노년 세대 빈곤화를 심화시키는 주요한 요인으로 작용하게 된다.

[그림 2-1] 국민연금 가입 실태(단위: 만 명)

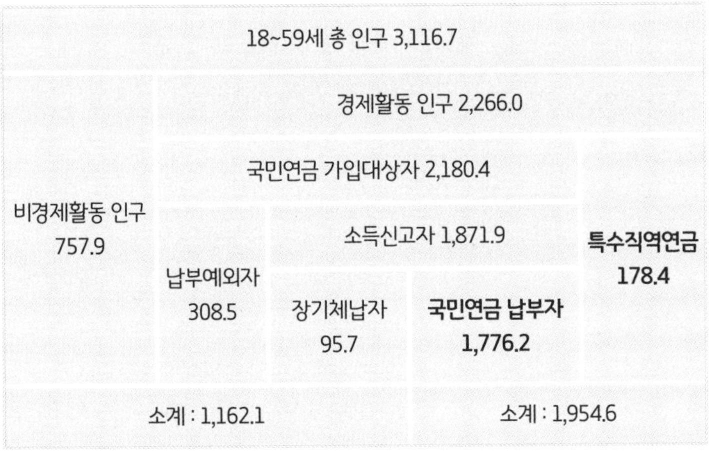

18~59세 총 인구 3,116.7			
비경제활동 인구 757.9	경제활동 인구 2,266.0		
	국민연금 가입대상자 2,180.4		
	납부예외자 308.5	소득신고자 1,871.9	특수직역연금 178.4
		장기체납자 95.7 / 국민연금 납부자 1,776.2	
	소계 : 1,162.1	소계 : 1,954.6	

자료: 남인순 더불어민주당 의원실, 2021년 12월 기준

국민연금에 관한 두 가지 오해

마지막으로 우리 사회에서 국민연금 제도에 대해 제기하고 있는 두 가지 오해를 짚어보자. 우선, 젊은 층을 중심으로 국민연금 기금이 고갈되면 자신들의 세대는 국민연금을 받지 못할 수도 있다는 오해다. 결론적으로 말하면 한국 사회가 국가로서 존립하는 한 그럴 가능성은 없다. 국민연금은 세대 간 연대 모형으로 설계된 사회보험제도다. 언제든지 기금이 고갈되면 현재의 부분 적립식 연금 지급 방식에서 현역 세대에게 세금처럼 부과하는 방식으로 제도를 변경해서 운영하면 된다. 물론 지금처럼 보험료율 추가 인상 없이 장기간 방치하여 기금이 고갈되면 당연히 이후 현역 세대의 부담은 매우 커질 것이다.

그러나 지금 상태에서도 기금 고갈까지는 대략 30년 이상 시간이 남아있으므로 지금부터라도 단계적인 보험료 인상을 통해 대비하면 큰 문제가 없을 것이다. 앞서 살펴본 대로 일본의 공적 연금 역사는 80년이 넘었고, 독일의 공적 연금 역사는 100년이 넘었지만, 문제없이 잘 운영되고 있다. 현재 일본의 후생연금기금 적립 규모는 연간 지급분의 5년 치 정도가 적립되어 있고, 독일은 1개월 치 정도만 적립되어 있어 거의 매월 연금을 걷어서 지급하고 있다.

그리고 국민연금법 제3조 2 국가의 책무가 있는데, 국가는 국민연금법에 따른 연금 급여가 안정적으로 지속해서 지급하도록 필요한 시책을 수립·시행하여야 한다고 규정하고 있다. 젊은 세대 중심으로 국민연금이 고갈되었을 때 연금 급여 지급의 보장에 대한 우려가 제기되고 있는 것으로 알고 있지만, 국가 시스템이 작동하는 한 그럴 가능성은 없다.

다음은 국민연금의 기금 운용 수익률에 대한 오해다. 1988년 국민연금 설립 이후 국민연금기금의 연평균 누적수익률은 2023년 말까지 5.92%로 알려졌다. 국민연금기금의 운용수익률은 언제나 언론을 비롯하여 많은 사람의 관심 대상이 되고 있다. 그러나 국민연금은 가입 시점에서 가입 기간에 따라 미래에 받을 수 있는 연금 수급액이 이미 결정되어 있다. 국민연금기금의 운용수익률이 높아진다고 받을 수 있는 연금액이 늘어나는 것은 아니며, 반대로 운용수익률이 부진하다고 해서 받을 수 있는 연금액이 줄어드는 것이 아니다.

이처럼 공적 연금에 가입할 때 가입 기간에 따라 미래의 연금 수령액이 결정되는 연금 운용 방식을 전문용어로 확정급여형(DB: Defined Benefit)이라 한다. 반면 개인연금과 같이 매년 운용수익률에 따라 미래에 받을 수 있는 연금 수령액이 결정되는 방식을 확정기여형(DC: Defined Contribution)이라 한다. 일본의 후생연금도 국민연금과 마찬가지로 대부분의 공적 연금은 확정급여형으로 운용되고 있다. 따라서 국민연금기금의 수익률은 국민연금기금의 고갈 시점과 관련이 있고, 가입자의 연금 수령액과는 전혀 상관이 없다.

보편성 잃은 기초연금제도

2008년 기초노령연금 제도가 설립될 당시 기초노령연금법의 취지는 생활이 어려운 노인들에게 기초노령연금을 지급함으로써 노인층의 생활 안정을 지원하는 목적이었다. 한국 사회에서 노인층의 상대적 빈곤율은 60%대가 넘어 OECD 국가 중 최고일 정도로 노인층의 빈곤 문제가 큰 사회 문제로 대두되었기 때문이다. 정년 이후 노인층의 빈곤 문제는 앞서 살펴본 국민연금의 부실한 설계와 광범위한 사각지대가 중요한 이유가 되고 있다. 하지만 기초노령연금 제도는 대통령 선거를 거치면서 노인층의 표를 얻기 위한 수단으로 변질되어 왔고, 2014년 박근혜 정부가 당시 수령액을 두 배로 인상하며 명칭도 기초연금 제도로 변경하여 지금에 이르고 있다.

노후 소득 보장을 위한 다층 연금 체계는 일본을 비롯한 OECD 국가들의 일반적인 특징이다. 다층적 연금 체계에서 1층은 의무적 기초보장 연금이다. 일본의 국민연금은 정확히 여기에 부합하는 모델이다. 모든 일본인은 의무적으로 가입하여 일정액을 납부하고 의무가입기간이 충족되면 노후에 모두에게 수급권이 주어지는 보편적 기초보장 연금제도다.

공적 부조 성격이 강한 기초연금

하지만 한국의 기초연금 제도는 일본의 기초연금인 국민연금과 유사하나 공적 연금 성격으로는 많은 차이가 있다. 우선 정부가 정한 소득 인정액 하위 70%에게만 지급되고 있어, 다층적 연금 체계에서 노후 기본소득을 보장한다는 보편성이 빠져 있다. 현재 소득 상위 30%는 기초연금 지급에서 배제되어 있어 기초연금이 상대적인 빈곤층 노인에게만 지급되는 공적 부조 성격이 강하다. 이는 우리 사회에서 중위소득 기준 30% 이하 소득계층인 기초생활수급자를 대상으로 지급되는 생계급여와 매우 유사하다. 다만 노인 빈곤층을 대상으로 지급 범위만 좀 더 확대되어 있을 뿐이다. 따라서 한국의 기초연금 제도는 일본과 같은 정년 이후 노후 소득을 보장하기 위한 다층적 공적 연금 체계의 한 축으로 설계된 것이 아니며, 노인 빈곤층 문제를 일부 완화하기 위한 일종의 공적 부조 성격이 강하다.

국민연금 가입 기반을 약화시키는 기초연금 구조

다음은 기초연금 제도가 대통령 선거철마다 노인 표를 잡기 위한 선거용으로 이용되면서 생기는 여러 가지 문제다. 2014년 박근혜 정부의 대선 공약으로 기초연금이 두 배로 인상된 이후 2023년 현재 단독가구 기준 32만 3천 원, 부부가구 기준 51만 7천 원을 지급하고 있다. 앞으로도 국민연금과 마찬가지로 물가 상승과 연계되어 있어 기초연금 지급액의 지속적인 상승이 불가피하다.

2023년 부부가구 기준 기초연금 수령액 51만 7천 원은 그해 국민연금의 노령연금 평균 수령액 61만 9천 원의 83.5%에 육박할 정도로 큰 액수가 되었다. 또한 국민연금을 10년에서 19년 이하로 납부한 노령연금 수급자의 42만 원보다도 많은 액수다. 현행 기초연금 제도가 가뜩이나 부실한 구조의 국민연금 가입 기반을 약화시키는 요인이 되고 있다. 여기에다 국민연금 가입 기간과 연계되어 기초연금을 감액하는 제도는 상대

적으로 소득이 낮은 계층일수록 국민연금 납부를 가로막는 요
인이 될 수 있다.

[그림 2-2] 기초 연금 재정 수요 전망

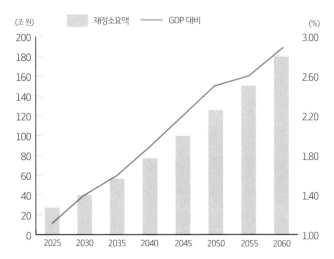

자료: 국민연금연구원

기초연금은 기여 없이 지급되는 연금제도로, 연금 지급은
모두 세금에서 나온다. 2008년 출발 당시 2.2조 원에 불과했
던 기초연금 재정 규모가 2014년 연금 지급액이 두 배로 인상
되며 6.9조 원으로 늘어났으며, 이후 65세 이상 노령층이 급증
하면서 2023년에는 22.5조 원대로 확대되었다. 국민연금연구
원의 추계에 따르면, 기초연금 재정 규모는 지속해서 확대되
어 2040년에는 77조 원대, 2050년에는 125조 원대에 달할 것

으로 추정한다. GDP대비 기초연금 규모는 2025년 1.1%에서 2040년 1.9%, 2060년 2.8%로 확대될 전망이다. 이러면 기초연금은 재정에 상당한 부담이 될 가능성이 커 기초연금 제도의 지속 가능성에 큰 위협이 될 것이다.

정부의 재정 기여가 매우 낮은 건강보험제도

한국의 의료보험 제도는 1963년 의료보험법이 제정된 이후 1977년 사업장 의료보험 제도가 실시되었고, 1981년에는 지역의료보험 제도가, 1998년에는 농어촌 의료보험 제도가 실시되었다. 이후 전국에 수백 개로 산재된 조합주의 방식의 의료보험 조합을 통합하는 작업을 하였다. 1998년 1차로 공무원, 사립학교 교직원 의료보험 조합을 통합했고, 2000년에는 직장 의료보험 조합을 통합하였으며, 2003년에는 직장과 지역의 재정을 통합하여 하나의 국민건강보험 체제를 완성했다.

한국의 건강보험 재정은 국민건강보험법상에 정부의 재정지원이 명시되어 있다. 건강증진 기금을 포함하여 해당 연도 건강보험료 예상 수입의 20%를 법적으로 지원하기로 되어있다. 나머지는 건강보험료가 52%, 개별 환자의 자기부담비율이

35%에 달하는 것으로 추정된다. 하지만 역대 정부의 재정지원 비율은 이에 훨씬 못 미쳤다. 당해 연도 보험료 수입 예정치를 낮춰 잡는 방식으로 재정 지원 규모를 줄여왔는데 이명박 정부와 박근혜 정부, 문재인 정부 시절의 재정지원 비율은 각각 16.4%, 15.3%와 14%에 불과했다. 아래 표에서 볼 수 있는 것처럼 정부의 법적 재정지원율 20%가 다 채워져도 전체 건강보험재정에서 정부의 분담 비율은 13%에 그친다. 그러나 정부가 그 20%조차도 제대로 지원하고 있지 않아 실제 재정분담 비율은 10%에 불과할 것으로 추정된다.

[표 2-15] 한국의 건강보험재정 분담비 구조

구분	건강보험 보험료	환자 부담	국가 부담
부담 비중	52%	35%	13%

주: 건강보험 보장률을 65%로 가정 시
자료: 보건복지부 자료를 이용하여 필자가 추정

앞서 살펴본 일본의 의료보험 제도에서 정부의 재정지원 비율이 38%에 달하는 데 비해 한국의 재정부담 비율은 일본의 25% 수준에 불과하다. 이와 같은 정부의 낮은 지원 비율은 고스란히 개별 환자의 자기부담으로 떠넘겨지는 구조가 된다. 일본은 전체 의료비 비용에서 개인의 자기부담률이 10% 초반이지만, 한국은 자기부담률이 높은 이유가 이 때문이다.

일본에 비해 자기부담률이 세 배나 높다

건강보험 보장률은 환자가 병원에서 진료받으면 건강보험을 통해 의료비를 얼마나 지원받느냐의 비율을 말한다. 건강보험 보장률이 60%일 때, 병원비가 100만 원이면 건강보험에서 60만 원을 지급하고, 나머지 40%인 40만 원은 환자의 자기부담률이 된다. 2006년 이후 한국의 건강보험 보장률 추이를 살펴보면 62~65%에서 움직이고 있다. 이에 따라 한국은 의료비 비중에서 개별 환자의 자기부담률이 35~38%에 달한다. 정부가 재정으로 지원하지 않는 만큼, 환자에게 자기 비용으로 떠넘겨지는 것이다. 특히, 재미있는 사실은 노무현 정부가 65%까지 높여 놓았던 건강보험 보장률이 보수 정부인 이명박 박근혜 정부를 거치면서 62% 수준으로 재차 낮아졌다. 이후 문재인 정부가 대선 공약으로 건강보험 보장률을 70%까지 끌어올리겠다는 '문재인 케어'를 추진하였지만 70%까지는 달성하지 못하고 과거 노무현 정부 시절의 65% 수준에 그쳤다. 상대적으로 진보적인 정권이 개별 환자의 자기부담률을 조금 줄여놓으면 보수 정부가 이를 다시 끌어내리는 도돌이표 형국이 반복되고 있는 것이다.

[그림 2-3] 정부의 건강보험 법정 지원금과 실제 지원금

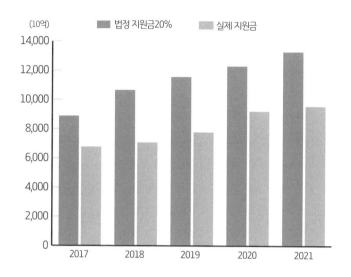

자료: 국민건강보험공단

　　일본은 의료비의 자기부담률을 나이별로 구분하고 있다. 젊은 세대는 건강하지만 소득이 높아 자기부담률이 높고, 65세 이상 은퇴 세대는 전기 고령자(65~75세)와 후기 고령자(75세 이상)로 나누어 나이가 들수록 소득이 줄어들고 의료 혜택을 더 받아야 한다는 것을 고려하여 전기 고령자보다는 후기 고령자에게 자기부담률을 더 낮춰주고 있다. 일본의 의료보험 정책은 전형적인 세대 간 연대하는 사회보험제도라고 할 수 있다. 이와 같은 정책은 65세 이상이 전체 의료비 지출의 60% 이상을 소비함에도 일본의 평균적인 의료비 자기부담률을 10%대 초반으로 낮게 유지하고 있는 이유다.

[그림2-4] 한국의 건강보험보장률 추이

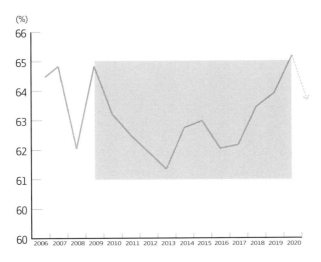

자료: 보건복지부

한국은 이와 같은 나이별 구분이 명확하지 않다. 다만 65세 이상 노인세대에게는 동네 의원이나 약국에서 진료비나 약제비를 정액으로 낮춰주고 있지만, 이것이 일본처럼 노인층의 전반적인 의료비 자기부담률을 크게 낮추지 못하는 상황이다. 2019년 국민건강보험공단의 건강보험환자 진료비 실태조사 분석 자료를 보면, 65세 이상 고령층의 건강보험 보장률이 70.7%로 전체 건강보험 부담률 64.2% 대비 6.5%포인트 정도만 낮은 상황이다. 결국 한국의 건강보험제도는 정년 이후 소득이 크게 줄어든 65세 이상도 의료비 자기부담률 수준이 거의 30% 정도로 일본에 비해 세 배 가까이 높다.

윤석열 정부에서 반복하고 있는 건보 정책의 퇴행

2022년에 집권한 윤석열 정부는 어떨까? 윤석열 정부 건강보험 정책에 있어 역시 집권 초기부터 과거 보수 정부보다도 못한 퇴행적 패턴을 반복하고 있다. 윤석열 정부는 집권하자마자 건강보험 보장률을 높이고자 했던 '문재인 케어'를 사실상 폐기했다. 윤석열 정부 건강보험 정책의 핵심은 건강보험 재정의 효율화라고 한다. 건강보험 효율화라는 명목으로 추진하고 있는 각종 건강보험 개편안은 현재 적용 중인 MRI나 초음파 검사에 대한 보장과 중증·희소질환에 적용되는 건강보험 자기부담 상한제 혜택 등이 축소되어 결과적으로 건강보험 보장성을 줄이고 국민 부담은 늘리는 결과를 가져올 것이다. 문재인 정부가 65%로 높여 놓았던 건강보장 보장률이 윤석열 정부 들어 재차 60% 초반으로 회귀할 가능성이 커졌다.

이를 강력히 뒷받침하는 윤석열 정부의 건강보험료 징수 경감 조치들이 선거철을 앞두고 잇따라 발표되고 있다. 2024년

초 총선을 앞두고 지역 의료보험료의 기준이 되는 소득과 재산 등을 참작, 등급별 점수를 합산하여 보험료를 부과하는 방식에서 자산공제액을 늘리고, 배기량 기준 차량 부과 방식을 폐기하고 차량 가격 기준으로 변경하여 지역가입자의 건강보험료 부담을 크게 경감해주는 정책을 발표했다.

이처럼 지역의 피보험자 중심 건강보험료 부담 경감이 일부 개인들에게는 좋은 혜택이지만, 정부의 재정 확충 없는 개별보험료 경감 조치는 결국 전체 건강보험 재정의 부실화를 심화시켜 개별 환자들의 자기부담률을 높이는 결과를 가져올 것이다. 따라서 이전의 이명박과 박근혜 정부와 마찬가지로 윤석열 정부 역시 문재인 정부가 어렵게 65% 수준까지 끌어올린 건강보험 부담률을 재차 하락시켜 이전 보수 정부의 건강보험 정책을 답습하게 될 가능성이 높다.

특히, 필자가 이 책의 원고를 마무리할 즈음에 윤석열 정부의 보건복지부가 발표한 중장기적인 건강보험 정책이 국민건강보험이라는 사회보험제도의 근간을 뒤흔드는 것이어서 더욱 우려되고 있다. 2024년 2월 초 보건복지부가 발표한 〈제2차 국민건강보험 종합계획〉(2024~2028)으로 윤석열 정부 하에서 의료비 자기부담률을 더욱 높여 결과적으로 현재의 건강보험 보장률을 크게 하락시킬 가능성이 커졌다.

이 정책의 핵심은 우선 '건강 바우처 제도'의 도입을 검토한다는 것이다. 이는 보험료만 납부하고 병원에 자주 가지 않는 젊은 층(20~34세)에 전년 납부한 보험료의 10%(연간 최대 12만 원 한도)를 쿠폰으로 지급하여 병원이나 약국에서 이용할 수 있게 하겠다는 것이다. 반면 의료 이용이 많은 노령층에는 의료비자기부담률을 현재의 30%대에서 최대 90%까지 큰 폭으로 올려 의료 이용을 줄이도록 하겠다는 내용을 담고 있다. 일본의 의료보험 제도에서 말한 바 있듯이 의료보험 제도의 취지 자체가 건강하지만 소득이 많은 젊은 세대가 보험료를 납부하여, 소득은 적지만 의료비 지출 대부분을 소비하는 노령 세대를 연대하여 지원하는 사회보험제도라는 근간을 훼손할 가능성이 커졌다.

건강보험 보장률, OECD 국가 중 최하위권

한국의 건강보험 보장률은 일본은 물론이고 OECD 국가 중에서도 최하위 수준에 머물러 있다. 일본의 건강보험 보장률이 80%대 후반으로 OECD 국가 중 최상위권에 속해있지만, 한국은 OECD 국가들의 지난 10년간 평균치 대비로도 10%포인트 낮은 보장률 수준이며, OECD 38개국 중에서 34~36위인 최하위권에서 벗어나지 못하고 있다. 일각에서는 한국의 건강보험제도가 잘 되어있다고 주장하지만, 사실이 아니다. 미국처럼 민간 주도 건강보험제도로 운영되는 나라는 보험료가 매우 비싸게 책정되고 있는데, 이런 나라와 비교에서 그렇다는 측면이 강하다.

[그림 2-5] 한국과 OECD 국가들의 건강보험 보장률 추이

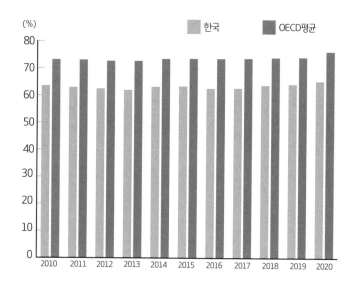

자료: 건강보험공단, OECD

공적 건보시장을 위협하는 민간 보험시장

한국의 높은 의료비 자기부담률은 결국 민간의료 보험시장을 확대하는 결과를 가져왔다. 특히, 한국은 건강보험이 보장하지 않는 비급여 항목이 많아 실손의료 보험시장은 건강보험만큼이나 가입이 대중화되어 있는 것이 현실이다. 지나간 자료이긴 하지만 국민건강보험공단의 의료 패널 자료를 보면, 2016년 기준 한 개 이상 실손의료보험에 가입한 가구 비율이 거의 80%에 달하며, 해당 가구의 평균 보험 가입 개수는 5.1개로 월평균 보험료 지출액은 30만 8천 268원으로 조사되었다.

일본 사회와 비교하면 한국 사회의 슬픈 현실이 드러난다. 한국은 민간의료보험이 10가구 중 8가구나 가입되어 있다. 따라서 한국 사회에서 실손의료보험 시장은 건강보험제도와 함께 또 다른 건강보험제도로 정착된 것이 현실이다. 2022년 9월 기준으로 한국의 직장 가입자 월평균 의료비가 14만 4천 원대, 지역 가입자는 10만 5천 원대를 고려하면 2016년 기준 30만 8천 원에 달하는 월평균 실손의료보험료는 직장 가입자의 두 배, 지역 가입자의 세 배 가까이나 된다. 일본과 비교하면 우리 사회의 공적 의료보험 시장에 심각한 문제가 있는 것이다.

[표 2-16] 직장과 지역가입자의 월평균 건강보험료

구분	직장 가입자	지역 가입자
2022년 9월 기준	14만 4,643원	10만 5,843원

자료: 보건복지부

한국의 건강보험 제도에서 건강보험이 부담하지 않은 비급여 항목의 확대는 민간 의료시장을 확장시킬 뿐 아니라 공적인 건강보험 보장률을 약화시키는 악순환의 고리가 되고 있다. 민간의 실손의료보험 시장은 지난 2018년 8조 7천억 원 시장에서 매년 10%대 이상으로 성장하여 2022년에는 13조 1천억 원에 달하는 것으로 조사되고 있다. 따라서 우리 사회에서 공적인 건강보험 보장률을 강화하지 않으면 앞으로도 민간 실손의료보험 시장의 확대는 불가피할 것이다. 그만큼 공적 의료보험 시장이 약화되는 것이다.

한국의 건강보험제도에서도 일본의 '고액 요양비 제도'와 유사한 개별 소득수준에 따라 '본인부담상한제'를 시행하고 있다. 하지만 한국의 건강보험 보장률 수준에서 볼 수 있듯이 민간 의료시장을 억제하고 건강보험 보장을 강화하지 않는 한 일본처럼 개인의 의료비 부담을 획기적으로 줄이는 데는 한계가 있다. 직장 가입자 기준으로 의료보험료율에서도 한국은 소득 대비 7% 초반으로 일본의 10% 초반 대비 약 30% 정도 적게 납부하고 있다. 따라서 한국의 의료보험 제도는 일본에 비해 정부의 재정지원 비율이 높지 않고 가입자들의 건강보험료 역시 상대적으로 낮아 의료비 자기부담률이 높은 특징이 있다.

노인 장기요양제도 역시 정부의 재정 지원 낮아

한국에도 일본의 개호보험을 모방한 노인 장기요양보험 제도가 있다. 노인 장기요양보험 제도는 2008년 설립되었다. 65세 이상 고령화율을 고려하면, 2010년에 설립한 일본의 개호보험제도보다 상대적으로 빠른 설립으로 볼 수 있다. 한국의 노인 장기요양보험 제도는 건강보험제도와는 별개 제도로 운영하고 있지만 피보험자와 관리 주체가 국민건강보험공단으로 일원화되어 있어 지방자치제 중심으로 운영하고 있는 일본의 개호보험제도보다는 재정 운영과 관리의 효율화가 뛰어나다.

노인 장기요양보험의 피보험자는 건강보험 가입자 모두가 해당하여 일본이 40세 이상으로 한정한 것에 비해 피보험자 대상 범위가 상대적으로 넓다. 문제는 상대적으로 소득이 줄어든 65세 이상 노인층의 돌봄과 간병을 위한 제도로 만든 노인 장기요양보험은 한국 정부의 재정 부담 비율이 일본의 50%에 비교해 절반에도 미치지 못하는 20%에 불과하다. 결국 한국의 건강보험제도와 유사하게 피보험자의 보험료 수입이 재정 부담의 대부분을 책임지는 구조다.

노인 장기요양보험의 수급 대상은 65세 이상 고령이나, 노인성 질병으로 일상생활을 혼자서 수행하기 어려운 자나, 65세 미만의 치매나 뇌혈관성 질환 등 노인성 질병이 있는 사람은 노인 장기요양보험 서비스를 신청할 수 있다. 이 사람들은 건강보험공단의 장기요양등급판정위원회 심사를 거쳐 5단계의 장기요양등급 판정을 통해 서비스를 받을 수 있다.

일본의 개호보험 역시 개호가 필요한 1~5등급과 개호 지원이 필요한 1~2등급으로 분류한다. 이는 한국의 분류 체계와 큰 차이가 없다. 노인 장기요양보험의 수급자로 판정되면 재가의 경우 당해 장기요양급여 비용의 15%가, 시설 급여는 장기요양급여 비용의 20%가 수급권자의 자기부담 비용이 된다. 기초생활보장법에 따른 의료급여수급자는 본인 부담이 전액 면제되고 있고, 그 외에도 여러 가지 기준으로 본인 부담 비용의 경감 조치가 시행되고 있다.

3장

한국 사회는 무엇을 준비해야 하는가

일본과 한국의 사회보험제도 종합 비교

1~2장에서 살펴본 일본과 한국 사회의 각종 사회보험제도의 비교를 통해 정년 이후 일본인 다나카 상과 한국인 김철수 씨의 삶을 구체적으로 그려보았다. 일본과 한국 사회의 사회보험제도를 요약해서 비교해보면, 아래 표와 같다. 일본은 선진 사회답게 오래전부터 공적 연금의 높은 소득 보장과 정부의 의료보험과 요양 서비스에 대한 과감한 재정지원을 실현했다. 아래 표를 보면, 일본은 한국 사회와는 비교가 되지 않을 정도로 사회 전반에 걸쳐 고령화 시대를 위한 제도적 정비가 잘 구축되어 있음을 알 수 있다.

[표 3-1] 일본과 한국 사회보험제도의 비교

구분	일본	한국
공적 연금 보험료율	18.3%	9.0%
의료비 재정분담 비율	38.0%	13.0%
요양 서비스 재정분담 비율	50.0%	20.0%

자료: 일본 후생노동성, 한국 보건복지부와 국민연금법

이런 양국의 사회보험제도 차이에 따라 정년을 맞은 일본인 다나카 상과 한국인 김철수 씨의 경제적 삶에 큰 차이가 나고 있다. 최근에 한국이 일본과 전반적으로 경제 수준이 비슷해졌다고 해서 개인의 경제적 삶도 비슷해질 수 없다는 사실이다. 결국 전반적인 소득수준보다는 양국 간의 사회보험제도의 차이가 개인의 삶에 얼마나 지대한 영향을 미치는지 일본 사회를 통해 확인할 수 있다. 한국 사회가 부실한 사회보험제도를 방치하는 한 급속한 고령화 시대를 맞은 한국 노년층의 삶은 힘든 여정을 지속할 수밖에 없다.

[표 3-2] 65세 정년 이후 다나카 상과 김철수 씨의 경제적 삶 비교

구분	다나카 상	김철수 씨
월 공적 연금 수급액	22.4만 엔	97.0만 원
월평균 지출액	26.0만 엔	257.8만 원
순 저축액	2,323만 엔	3,671만 원
병원비 자기부담률	11.6%	30%대
요양 서비스 자기부담률	10%	15~20%

자료: 일본 후생노동성과 총무성, 한국 통계청과 건강보험공단, 2021년 기준

부실한 공적 연금이 초래한 노령층 빈곤율

한국 사회 고령층의 상대적으로 높은 빈곤율은 한국 사회의 부실하게 설계된 사회보험제도의 결과로 볼 수 있다. 기초노령연금 제도가 처음 도입된 2008년, 66세 이상 은퇴한 고령층의

[그림 3-1] 한국의 66세 이상 상대적 빈곤율 추이

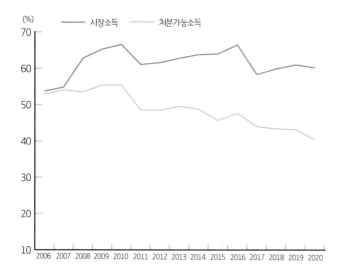

자료: 2016년까지는 통계청 가계동향조사, 2017년 이후 가계금융복지조사

[그림 3-2] 66세 이상 노인층의 상대적 빈곤율 국제 비교

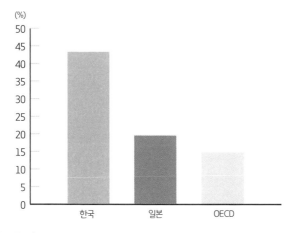

자료: 한국 통계청, OECD

시장소득 기준(근로소득, 사업소득, 재산소득 등 시장에서 벌어들인 모든 소득)으로 중위소득 50% 이하 상대적 빈곤율이 60%를 웃돈 이후 최근까지도 60%대 고공행진이 지속되고 있다. 상대적 빈곤율은 중위소득(소득순위로 정 가운데 계층) 50% 이하 계층을 말한다. 한국 사회의 계층 간 빈부격차 확대가 노인층의 상대적 빈곤율을 높이는 결과를 가져왔다. 이는 일부 상위계층에 소득이 집중되어 있어 노인층의 평균소득이 중위소득보다 매우 높아져 결국 중하위계층의 절대 소득액을 축소하는 요인으로 작용하게 된다.

2008년 기초노령연금 도입은 이와 같은 배경을 바탕으로 설명할 수 있다. 하지만 2014년 기초연금이 도입되어 이후 기초연금 지급 금액이 두 배로 높아졌지만 [그림 3-1]에서 볼 수 있는 것처럼 시장소득 기준 상대적 빈곤율은 64%대에서 2020년 60%대까지 4%포인트 정도만 낮아졌고, 이후에도 여전히 60%대로 높은 수준을 지속하고 있다. 이와 같이 높은 상대적 빈곤율은 가처분소득 기준(세금과 사회보험을 제외한 소득 기준)으로도 2014년 40%대 후반에서 2020년 40% 초반까지 낮아졌지만, 이웃 일본과 비교하면 두 배 이상 높고, OECD 회원국의 평균치 14.8%와 비교해도 세 배 가까이 높다.

OECD 회원국 중에서는 한국의 상대적 빈곤율은 단연 최고 수준이다. 1인당 소득수준이 3만 달러가 넘는 한국 사회의 노인 빈곤율이 이처럼 높은 것은 부실하게 설계된 공적 연금에 기인한다.

한일 간 근속연수 차이가 공적 연금의 수납 기간 결정

일본 사회의 평균적인 소득수준인 다나카 상의 정년 이후 공적 연금 수급액은 현재 한국 사회 공무원들의 정년 이후 연금소득 수준과 매우 유사하다. 이는 일본의 민간기업 임금근로자 근속연수가 한국과는 비교가 되지 않을 정도로 안정되어 있기 때문이다. 2000년대 초 이후 노동유연성을 강조하는 미국의 신자유주의 경제정책이 몰아치는 과정에서도 일본의 남성 기준 임금근로자의 평균 근속연수는 13~14년에서 큰 변화가 없었다. 1990년대 초 12년 중반보다 오히려 1년 정도 근속연수가 늘어났다. 이와 같은 추세는 최근까지도 이어지고 있다. 같은 기간 한국의 남성 기준 임금근로자 평균 근속연수는 6~7년 수준으로 일본이 한국보다 두 배 정도 근속기간이 길다.

[그림 3-3] 일본과 한국의 남성 임금근로자 평균 근속연수 추이

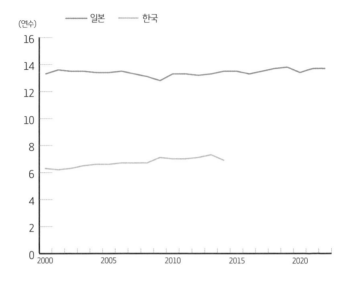

주: 2015년 이후 한국의 남성 임금근로자 평균 근속연수 통계가 이전의 통계 기준과 일치하지 않아 이용하지 않음.
자료: 일본 후생노동성, 한국 통계청

앞서 살펴본 대로 한국의 국민연금 평균 수납 기간을 20년 정도로 추정한다면, 한국보다 근속연수가 두 배에 달하는 일본의 후생연금 40년 납부는 충분히 가능해진다. 현역 시절 임금근로자의 근속연수는 공적 연금의 장기수납 여부를 결정하는 중요한 변수이다. 일본은 20대 중반 대학을 졸업한 이후 취업하여 세 번 정도 회사를 옮겨 다니면 65세 정년을 맞을 수 있지만, 한국은 임금근로자로 60세 정년을 마치려면 다섯 번 이상 회사를 옮겨 다녀야 하는 쉽지 않은 여정이 남아있다.

한국의 비자발적 조기 퇴직 구조는 현재진행형

필자가 2013년 《성공한 국가 불행한 국민》 출간 당시 한국 임금근로자의 실질적인 은퇴 시점은 대략 50대 초반으로 조사되었다. 그 후 10년 이상 시간이 흘렀는데도 한국의 노동시장은 비자발적인 조기 퇴직 기조에 여전히 큰 변화가 없다. 2022년 미래에셋 연금 센터가 조사한 자료에 따르면, 임금근로자의 평균 퇴직 연령은 49.3세다. 퇴직 유형별로 살펴보면, 권고사직과 명예퇴직, 정리해고 등 비자발적인 퇴직 비율이 41.3%에 달한다. 정년을 맞아 퇴직하는 비율이 고작 9.6%에 불과하다. 한국의 노동시장 환경은 짧은 근속연수에다 더 다니고 싶어도 오래 다닐 수 없는 열악한 상황이다.

장기근속할 수 있는 일본 기업의 낮은 초임

그렇다면 일본의 노동시장이 상대적으로 안정성이 뛰어난 이유는 무엇일까? [표 3-3] 일본 후생노동성의 임금구조 기본 통계조사를 통해 살펴보면, 일본의 젊은 세대 초임은 두 가지 측면에서 우리를 깜짝 놀라게 한다. 우선은 기업 규모별로 임금 차이가 거의 없다는 점이다. 다음은 전문고 초임이 대졸 초임의 88.6%로 별 차이가 없다는 점이다. 그리고 대기업 대졸 초임 수준이 한국 9급 공무원의 초임 수준(2019년 기준 직급 수당을 포함할 경우 월 215만 원 수준)과 별 차이가 없을 정도로 매우 낮다.

[표 3-3] 일본의 기업 규모별 대졸, 전문고와 전문대 초임 월급 비교(단위: 엔)

구분	대졸	전문고 및 전문대졸
대기업	213,100	185,600
중소기업	208,600	183,600
소기업	203,900	183,200

자료: 일본 후생노동성 임금구조 기본통계조사, 2019년 기준

2019년 잡코리아가 대기업과 중소기업의 인사담당자를 통해 조사한 자료에 따르면, 한국은 중소기업 대졸 초임이 대기업 대졸 초임의 60~70% 수준이나 근속연수가 증가할수록 대기업과 중소기업 간 임금 격차가 더 벌어지는 것으로 나타나고 있다. 여기에다 한국은 대졸과 고졸의 학력 간 임금 격차 역시 기업 규모의 차이만큼 벌어지고 있다. 하지만 2019년, 같은 기준에서 일본의 대졸 대기업 임금수준은 한국의 대졸 대기업 임금의 62.4%에 불과하고, 한국의 중소기업 대졸 임금에도 미치지 못하는 매우 낮은 수준임을 알 수 있다.

[표 3-4] 한국의 기업 규모별 대졸 초임 월급 비교(단위: 만 원)

구분	대기업	중소기업
대졸	341.6	239.1

자료: 잡코리아, 2019년 기준

한국의 기업 규모와 관계없이 대졸 초임 수준이 일본보다 전반적으로 높게 나타나고 있다. 이를 두고 일부 전문가들은 이제 한국기업의 임금 경쟁력이 일본 기업에 비해 우위에 있다고 분석하고 있다. 그러나 필자의 생각은 다르다. 한국의 빠른 조기퇴직을 고려하면 한국의 임금구조는 조삼모사(朝三暮四)와 같은 "빛 좋은 개살구"에 불과하다. 일본 기업 대부분이 대졸이든 고졸이든 일단 정규직 신입사원으로 채용하면 회사가 망할 정도로 어려워지지 않는 한 자발적인 퇴사를 제외하고 거의 정년을 보장하는 구조다. 따라서 일본 기업들은 규모와 관계없이 장기근속을 위해 초임을 높여줄 수 없는 구조다. 일본 기업은 초임이 낮지만, 근속연수가 길어질수록 호봉의 승급을 통해 단계적 임금 상승이 이루어지는 임금구조다.

일본 정부는 임금근로자의 공적 연금제도를 장기적으로 유지하기 위해 개별 기업의 임금정책을 이렇게 유도하는 측면도 강한 것으로 알려졌다. 일본 후생노동성이 법적 정년인 65세 이상 표준가구 모델을 통해 가계 소득과 지출액을 매년 발표하는 이유도 일본의 안정적인 노동시장 구조를 배경으로 하고 있다. 일본의 안정적인 노동시장 구조를 바탕으로 후생노동성은 매년 정년 이후 표준가구 가계수지 동향뿐 아니라 대졸 정사원의 생애 누적 임금도 같이 발표하고 있다. 안정적인 노동시장 구조를 유지하고 있기에 가능한 지표들이다.

[표 3-5] 일본의 대졸 정사원의 남녀 생애 누적 임금 추이

연도	남성	여성
1993	3억 2,410만 엔	2억 7,750만 엔
2019	2억 8,780만 엔	2억 4,030만 엔

자료: NHK 노동정책연구

일본 남녀 대졸 정사원의 생애 누적 임금 추이를 살펴보면, 일본경제가 최고조였던 1990년대 초보다 2019년 생애 누적 임금이 남성은 3천 630만 엔, 여성은 3천 720만 엔 정도 줄었다. 1990년대 이후 일본경제가 장기간 정체와 침체가 이어진 것이 임금근로자의 소득에 매우 큰 영향을 미쳤음을 알 수 있다. 일부 경제전문가들은 장기근속에 따른 정형화된 일본 기업의 노동시장 구조가 일본의 국제경쟁력을 약화시키는 중요한 요인으로 작용한다고 분석하고 있지만, 이 부분은 이 책의 주제를 넘어서는 내용이라 따로 언급하지 않겠다.

차별 없는 임금구조가 교육의 과잉투자 억제

일본의 젊은 세대들은 일본 기업들의 규모별 학력별 임금 격차가 크지 않아 학업에 취미가 없으면 굳이 대학에 진학하지 않아도 된다. 이것이 일본의 대학 진학률이 50% 수준으로 억제되는 중요한 이유다. 50%대 대학 진학률은 사회 전체적으로 부모 세대의 노후 자산 보존에 상당히 기여하고 있다. 그런데 한국은 여전히 대학 진학률이 70%에 달해 부모 세대의 노후 경제적 삶을 어렵게 하는 중요한 이유가 되고 있는 것이다. 한일 간 젊은 세대의 대학 진학률 차이는 이처럼 노동시장의 기업 규모별, 학력 간 임금 차이에서 비롯하고 있다.

불안정한 노동시장이 자영업 비중을 확대

한국인과 일본인의 경제적 삶에 큰 영향을 미치고 있는 요인 중 다른 하나는 자영업자의 비중 차이다. 한 나라의 노동시장에서 임금근로자를 제외한 비임금근로자 그룹을 통칭하여 자영업자로 볼 수 있다. 한국의 자영업 비중은 일본의 2.4배에 달할 만큼 여전히 매우 크다. 한국의 자영업 종사자는 무급으로 봉사하는 가족 수가 1백만 명에 달할 정도로 영세하고, 전반적으로 소득수준이 매우 낮은 구조다. 5년 이내에 자영업의 70%가 폐업하여 이에 따른 투자자산의 손실 역시 자영업자의 노후 경제적인 삶을 악화하는 중요한 원인이다.

[그림 3-4] 한국과 일본의 자영업자 비중 추이

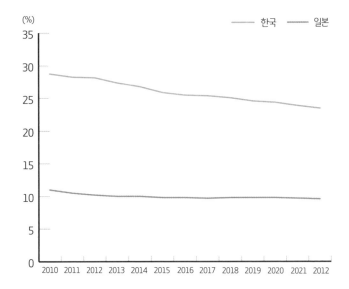

자료: 한국 통계청, 일본 후생노동성

앞서 한국의 국민연금 구조를 설명한 2장에서 지역가입자의 36%가 소득이 없다는 이유로 국민연금 납부예외자가 300만 명이 넘는다고 했는데, 이들 대부분이 영세 자영업자다. 이들 영세 자영업자는 사업 실패 등으로 노후에는 공적 연금의 수급조차 불가능해져 기초연금 정도만 받게 되어 절대 빈곤층으로 전락한다. 한국과 일본의 자영업 비중이 이렇게 큰 차이가 있는 것은 양국의 노동시장 구조의 안전성 차이에서 비롯된 결과다.

한국과 일본은 외형상 가계소득 수준이 비슷해졌지만, 일본의 젊은 세대는 기업의 규모나 학력의 차이 없이 상대적으로 낮은 임금에서 출발한다. 임금근로자로서 정년 가까이 일할 수 있는 구조다. 한국은 기업의 규모나 학력 간 임금 차가 매우 크고, 출발 시점에서 일본 기업보다 급여를 많이 받는다. 그러나 임금근로자로서 오랫동안 일하지 못하고 40대 후반이나 50대 초반이면 임금근로자에서 비자발적으로 퇴직할 수밖에 없는 상황에 놓인다. 이것이 일본보다 한국의 자영업 비중이 계속 높게 유지되는 주요한 이유다.

일본 근로자와 한국 공무원은 매우 유사

한국의 불안정한 노동시장 구조로 인하여 2000년 이후 대학을 졸업한 젊은 세대가 월 초임이 1백 8십만 원대임에도 (2023년 기준) 9급 공무원 임용시험에 구름처럼 몰려든다. 9급 공무원이 초임은 낮지만, 정년까지 보장되는 고용의 안전성과 잘 정비된 공무원연금을 통한 노후 소득이 보장되기 때문이다. 일본의 남성 임금근로자와 한국의 9급 공무원이 노동시장 구조에서 차지하는 위치가 매우 유사하다는 사실을 새삼 확인할 수 있다.

일본의 낮은 자영업 비중이 공적 연금 정착에 기여

일본 자영업자의 과거 추이를 살펴보면 우리 사회가 교훈을 얻을 수 있다. 일본도 1950년대는 자영업 비중이 25%대로 상당히 높았다. 이 비율이 장기간에 걸쳐 계속 낮아져 56년 이후인 2006년도에 10%대 이하로 떨어졌다. 지금은 10% 이하의 하향 안정세가 이어지고 있다.

일본 사회에서 자영업자의 비중이 계속 낮아진 이유는 노동시장의 핵심 축인 임금근로자 시장이 여러 가지 제도적 정비 과정을 거치면서 안정되었기 때문이다. 한국처럼 임금근로자 시장이 불안정하여 조기퇴직이 일상화된 사회에서는 가능하지 않은 상황이다. 일본의 자영업자 대부분은 한국의 치킨집이나 마트와 달리 맛집으로 소문난 우동집이나 스시 등으로 수십 년 넘게 대를 이어 가업으로 승계되는 장인의 가계가 주류를 이루고 있다. 한국처럼 조기퇴직으로 어쩔 수 없이 영위하는 생계 수단과 많은 차이가 있다. 결국 일본처럼 임금근로자 시장의 안정이 자영업 비중을 줄일 수 있고, 자영업 비중이 낮아져야 공적 사회보험제도의 정착도 가능해진다.

나이들수록 행복도가 높아지는 일본

여기까지 일본 사회에서 정년을 맞은 다나카 상의 모습을 구체적으로 그려보았고, 이런 다나카 상의 삶을 지지해주고 있는 일본 사회 사회보험제도의 구조와 내용도 구체적으로 살펴보았다. 일본인은 다나카 상의 이와 같은 표준적인 삶에 어느 정도 만족하고 있을까? 일본 사회는 일본인의 나이별 삶의 만족도를 정기적으로 조사하여 발표하고 있는데, 2019년 기준 일본 리크루트연구소가 전국 취업 실태 패널 조사를 통해 조사한 자료가 다음 그림이다.

[그림 3-5] 일본인의 나이별 행복도 추이

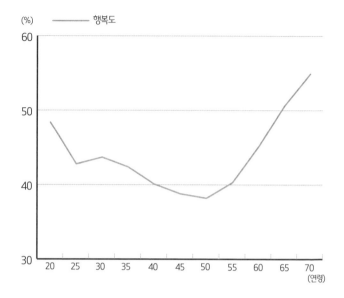

자료: 일본 리크루트연구소, 2019년 기준

이를 보면 일본인 취업자는 20대 이후 50대 중반까지 행복도가 계속 낮아지는 것을 알 수 있다. 대체로 규격화된 임금근로자의 삶에 대한 피로와 가장의 경제적인 부담이 큰 40~50대 초반까지 행복도가 낮게 나타나고 있다. 하지만 주택 구매에 따른 대출금 상환과 자녀의 학비 부담이 줄어들기 시작하는 50대 중반부터는 행복도가 높아져서 법적 정년인 65세에 행복도가 20대 이후 가장 높고, 든든한 연금 혜택과 의료비 부담이 적은 70대에 행복도가 정점에 이른다. 일본인의 행복도 변화 추이를 참고하면, 인간의 행복도는 개인적인 역량도 중요하지만 국가가 제도적으로 보장해주는 사회안전망이 지대한 영향을 미친다는 사실을 알 수 있다.

80세 이상 한국의 노인 자살률 일본의 세 배

그렇다면 한국인 노후 세대의 삶은 어떠한가? 우리는 지금까지 김철수 씨의 정년 전후 삶을 통해 한국 사회의 현실을 들여다보았다. 일본인 다나카 상과는 많은 차이가 있다. 외견상으로 한국 사회에서 사회보험제도의 구조와 틀이 일본 사회와 상당히 유사하게 작동하고 있음을 알 수 있다. 하지만 사회보험제도의 구체적인 내용을 비교해보면, 일본보다 상대적으로 부실하고 결점투성이임을 곳곳에서 확인할 수 있었다.

한국인 김철수 씨의 개인적인 역량과 관계없이 일본인 다나카 상보다 노후의 삶이 힘겨울 수밖에 없는 이유다. 한국 사회의 이런 슬픈 현실은 정년 이후 한국과 일본의 노년층에서 드러나는 상대적 빈곤율 차이가 이를 잘 말해준다. 특히, [그림 3-6]에서 볼 수 있듯이, 신체적으로 근로를 할 수 없는 80세 이상 한국인 고령층의 자살률이 일본에 비해 세 배가 넘는다는 사실은 한국 사회의 사회보험제도가 얼마나 부실하게 설계되었는지 적나라하게 보여주고 있다.

[그림 3-6] 한국과 일본의 80세 이상 노인 자살률 추이

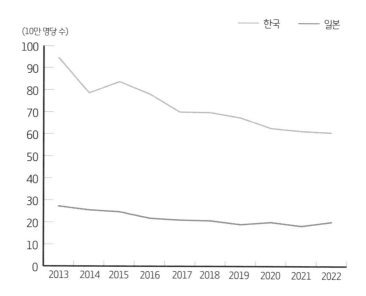

자료: 한국 통계청, 일본 경찰청

이상에서 살펴본 대로 본격적인 고령사회에 접어든 한국 사회가 사회보험제도를 정비하지 않는다면, 외형적 소득수준은 선진 사회라 하더라도 현역 시절 중간 소득의 삶을 유지했던 계층들이 정년 이후 고령세대에 진입하면서 빈곤층으로 추락하는 현상이 지속될 것이다. 이미 오래 전부터 한국 사회는 66세 이상 10명 중에서 6명 정도는 상대적 빈곤층으로 굳어진 상

태다. 일본 사회와 비교하면 상당히 늦은 감이 있지만 다음 세대를 위해서라도 한국 사회의 사회보험제도 정비는 무엇보다 필요한 시점이다. 사회보험제도의 정비 없이 한국 사회에서 오래 사는 것은 결코 축복이 아니다.

1층 기초연금제도의 보편성 확보 필요

우선 노후 소득 보장을 위한 공적 연금의 실질적인 제도 개선이 필요하다. 일본의 사례에서 볼 수 있는 것처럼 다층적인 연금 체계는 OECD 국가들의 일반적인 특징이다. 1층의 의무적 기초보장 연금, 2층의 의무적 소득비례 연금, 3층의 자발적인 사적 연금 구조다. 이를 고려하면 한국은 기초연금이라는 1층의 틀은 갖추고 있지만, 정년 이후 광범위하게 빈곤층으로 추락한 소득 하위 70%에게만 지급되는 공적 부조의 성격이 매우 강해 보편성을 잃고 있다.

실제 기초노령연금이 기초연금으로 바뀌면서 지급 금액이 두 배로 인상되었지만, 여전히 노인세대의 상대적 빈곤율 해소에는 큰 도움을 주지 못하는 상황이다. 여기에다 기초연금 지급액이 국민연금 납부 기간과 연계되어 있어 기초연금제도 자체가 국민연금 가입 기반을 흔드는 상황이다. 따라서 이를 해결하기 위해서는 기초연금 지급을 좀 더 상향 조정하여 65세 이상이면 모두가 기초연금을 받을 수 있어야 한다. 1층의 기본적인 공적 연금제도로서 보편성을 확립하는 것이다.

기초연금의 보편성 확보는 미래 기본소득의 토대

또한 미래에는 AI 등 4차 산업시대를 맞아 자동화된 기계와 인공지능이 대다수 근로인력을 대체하는 시대가 예상되고 있다. 이 경우 국가가 일자리를 잃은 다수 국민에게 보편적인 기본소득을 제공해야만 살아갈 수 있는 시대가 도래할 수 있다. 이런 시대에는 현재 전체 노인세대를 대상으로 지급되는 기초연금제도가 기본소득(basic income)제도로 전환되어 국민 누구에게나 보편적인 기본소득이 지급되는 시대가 가능해진다. 기초연금제도의 보편성 확보는 미래의 기본소득제도의 토대가 될 수 있는 것이다.

[표 3-6] 일본과 한국의 노후 연금 체계 비교

구분	연금의 성격	일본	한국
3층	민간의 사적 연금	퇴직급여(iDeCo), NISA	퇴직급여(IRP), ISA
2층	의무적 소득비례 연금	후생연금	국민연금
1층	의무적 기초보장 연금	국민연금	기초연금

자료: 필자가 요약 정리

[표 3-7] 일본의 65세 이상 가구의 평균소득 기준 후생연금의 지급 구조 분석

구분	월평균 소득 35.7만 엔 기준	명목소득 대체율
기초연금 부분(국민연금)	13.2만 엔	37.0%
소득비례 연금	9.2만 엔	25.7%
월 연금 지급 합계	22.4만 엔	62.7%

주: 후생연금 표준 모델은 평균임으로 40년간 후생연금을 납부한 65세의 남성과 60세 전업주부 사례
자료: 일본 후생노동성, 2019년 기준

일본의 공적 연금 구조를 보면, 부부가구 기준으로 기초연금액은 평균 소득액 대비 37% 정도에 달할 정도로 명목소득 대체율이 매우 높은 구조다. 기초연금이 든든한 기본소득을 제공해주고 있다. 일본의 기초연금이 장기간 일정액 연금 납부에 따른 결과로 볼 수 있다. 하지만 한국의 기초연금은 수급자의 기여 없이 받는 구조여서 세금을 통한 재정 확보가 무엇보다 시급한 상황이다. 기초연금 재정이 세금을 통해 안정적으로 지

급되기 위해서는 무엇보다 세원 확보가 선결되어야 한다.

한국도 현재 10%의 부가가치세율을 기초연금 재정과 연계하여 단계적으로 세율을 인상하는 조치가 필요하다. 1%포인트 부가세 인상으로 7~8조 원의 재원 확보가 가능해진다. 이 정도 재원으로도 65세 이상 모두에게 기초연금 지급이 가능하다. 일본도 2012년 이후 소비세의 단계적 인상을 통해 복지 재원을 충당하고 있다. 유럽도 유사하다. 부가가치세가 소비세와 마찬가지로 역진성이 강하지만 모든 세대가 한국 같은 심각한 노인 빈곤 문제의 해결을 위해 연대한다는 점에서 기초연금의 보편성 강화에 뜻을 같이할 수 있을 것이다. 이러면 노인세대의 심각한 빈곤 문제를 해결할뿐 아니라 부실한 공적 연금의 노후소득 보장체계를 강화할 수 있다.

국민연금의 단계적인 보험료율 인상 시급

다음은 국민연금의 노후 보장 기능을 강화하기 위해 보험료율의 단계적인 인상과 소득 대체율의 부분적 상향이 필요하다. 일본 후생연금의 현재 보험료율 18.3%와 명목소득 대체율 62.7%를 기준으로 한국의 국민연금 명목소득 대체율 40%를 연금 고갈 없이 유지하는 데 필요한 보험료율은 현재 9%에서 12% 수준으로 3%포인트 정도 올리면 된다.

또한 일본의 후생연금이 저출산·고령화 구조 하에서도 장기적으로 유지하려는 50%대의 명목소득 대체율을 기준으로 한다면, 40%의 국민연금 명목소득 대체율을 유지하는 데 필요한 보험료는 12%에서 14.6%로, 추가로 2.6%포인트 인상해야 한다. 한편 국민연금의 명목소득 대체율을 일본의 장기적 목표 수준인 50%로 상향조정 시 필요한 보험료율은 일본과 같은 18.3%까지 인상이 필요하다.

물론 한국의 저출산 문제가 일본보다 더 심각한 상황이어서 일본의 후생연금 사례를 그대로 적용하는 것에는 한계가 있다. 그러나 20년 정도 고령사회를 먼저 시작하여 80년 이상 연금 기금 고갈 없이 잘 작동하고 있는 일본의 사례는 우리에게 좋은 기준점이 될 것이다.

특히, 일본 후생연금의 적립금 규모가 연간 지급액의 5년 치 정도만 유지되고 있다는 점에서, 한국의 국민연금은 현재 9%대 보험료율 하에서도 기금 고갈까지는 30년 정도 시간이 남아있다. 따라서 이제부터라도 단계적인 보험료율 인상을 통해 충분히 대비할 수 있다. 1장 [그림 1-2](28쪽) 과거 일본의 후생연금의 단계적인 인상 과정을 보면, 시간상으로는 국민연금의 단계적인 보험료율 인상을 통해 일본의 공적 연금 수준의 노후 소득 보장이 충분히 가능하다. 이를 위해서는 정부가 국민들을 설득하는 과정을 거쳐야 하고, 국회는 국민연금법을 하루라도 빨리 개정하여 얼마나 빨리 실행하느냐가 관건이다.

국민연금 평균소득 기준 상향해야

그리고 한국의 가계 소득 수준이 일본보다 높다는 점을 고려하면, 일본 수준의 공적 연금 소득 기준 상향이 필요하다. 2019년 기준 일본 후생연금의 평균소득 수준은 35.7만 엔이지만, 한국은 235만 6천 원으로 100만 원 이상의 기준 소득 차이가 발생한다. 양국 가입자가 40년을 납부하고 명목소득 대체율이 40%로 같다고 할 경우 기준 소득의 차이로 인해 일본인의 후생연금 지급액은 14.3만 엔(원화로 143만 원)인데 한국은 94만원에 불과하게 된다.

현재 한국의 국민연금의 명목소득 대체율이 일본보다 훨씬 낮고, 평균소득 기준까지 낮아 국민연금 수급자의 연금 지급액이 절대적으로 낮을 수밖에 없는 이유가 되고 있다. 이에 국민 연금의 평균소득 기준을 2019년 기준 235만 원에서 일본과 유사한 350만 원 수준으로 올리는 것을 제안한다. 국민연금의 평균소득 기준이 상향되면 같은 명목소득 대체율 하에서도 연금 지급액이 올라가게 된다. 즉, 40%의 명목소득 대체율에서 평균 소득 기준을 235만 원에서 350만 원으로 상향하면 연금 지급액은 기존의 94만 원에서 140만 원으로 크게 상향 조정된다.

[표 3-8] 일본과 한국의 가구 평균소득과 공적 연금 평균소득 기준 비교

구분	일본	한국
가구 평균소득	47.0만 엔	564.3만 원
공적 연금 평균소득 기준	35.7만 엔	235.6만 원

주: 공적 연금 평균소득 기준은 2019년 기준, 가구 평균소득은 2020년 기준
자료: 한국 통계청 가계동향 조사와 국민연금공단, 일본 후생노동성과 총무성 가계조사 연보

국민연금의 기준이 되는 평균소득 금액을 전문용어로 A값 이라 한다. A값은 국민연금의 명목소득 대체율을 정하는 기준 이 되는 소득이다. A값보다 높은 소득자의 경우 명목소득 대체 율이 낮아지게 설계되어 있고, A값보다 낮은 소득자는 명목소 득 대체율이 높아지게 설계되어 있다. 즉, A값은 국민연금 소득 재분배 기능의 기준 소득이다.

A값은 연금의 지급사유 발생 기간별 적용되는 최근 3년간 국민연금 가입자의 평균소득액으로 정해진다. 아래 그림에서 볼 수 있듯이 A값은 국민연금 가입 초기인 1998년 기준(지급사유 발생이 1990년 2월 이전) 37만 4천 원에서 시작하여 매년 가입자의 소득증가분을 반영하여 2022년 기준(지급사유 발생이 2022년 12월~2023년 11월) 286만 1천 91원까지 상향 조정되어왔다. 하지만 이 A값이 2인 이상 가구 가계수지 동향의 근로소득 평균 금액을 제대로 반영하고 있지 못하는 실정이다.

[그림 3-7] 국민연금의 A값과 A값의 근로소득비중 추이

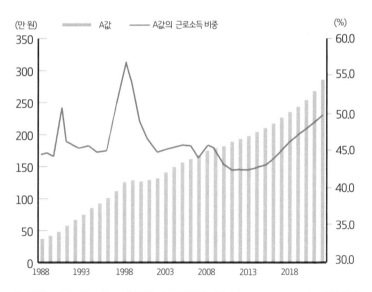

주: A값은 3년간 전체 가입자의 월 평균소득의 평균액, 전국 2인 이상 가구의 가계수지 동향 중 근로소득 기준
자료: 통계청 가계수지동향, 국민연금법

국민연금이 시작되었던 1988년의 A값은 그 해 가계의 근로소득 대비 42% 수준이었으며, 이후 1998년 56.7%까지 상승하기도 하였으나 이후 재차 낮아져서 2013년에는 다시 42% 초반까지 하락한 바 있다. 최근 A값의 비중이 조금씩 상승하여 2022년 기준 49%대 후반에 머물러 있다.

앞서 살펴본 대로 A값은 일본의 후생연금보다 크게 낮을 뿐 아니라 한국 가계의 근로소득 평균을 제대로 반영하고 있지 못하는 상황이다. 따라서 40%대의 국민연금 명목소득 대체율이 낮은 보험료율 대비로는 후하게 설계되어 있지만, A값이 현실 소득을 제대로 반영하고 있지 못해 정년 이후 노후소득 보장에 큰 장애요인이 되고 있다.

법적 정년을 국민연금 수급권과 연계해야

또한 국민연금의 노령연금 수급 시기는 2013년 61세를 시작으로 단계적으로 늦춰져서 2034년부터는 65세부터 수급할 수 있다. 2024년 현재는 만 63세인 1961년생에게 수급권을 주고 있다. 이러면 한국의 법적인 정년인 60세와 국민연금 수급 시기의 시차가 점점 벌어져 2034년에는 법적 정년과 5년의 갭이 발생한다. 일본 후생노동성은 이런 문제를 해결하기 위해 이미 지난 2013년 법적 정년을 65세로 개정하여 후생연금의 수급 시기와 일치하게 했다. 한국도 더 늦기 전에 법적 정년을 국민연금 수급 시기와 연동하는 법 개정을 마련해야 한다. 하지만 아직도 이런 불합리한 문제들이 논의조차 되지 않는 상황이다. 이제부터라도 급속한 고령화 사회를 대비해야 하는데 여전히 한국 사회의 법적·제도적 지체 현상은 계속되고 있다.

공적 연금만으로 실질소득 대체율 40% 확보해야

이상에서 필자가 제안한 한국 공적 연금의 제도 정비가 마련되어 350만 원 수준으로 상향된 국민연금의 평균소득 기준, 공적 연금의 명목소득 대체율을 기초연금만으로 15% 정도 확보하고, 단계적 보험료 인상을 통해 국민연금으로 50%를 확보하면, 국민연금의 평균 가입 기간을 20년으로 가정하더라도 현장에서 25%대를 받을 수 있다. 이러면 공적 연금만으로 40% 수준의 실질소득 대체율의 확보가 가능해진다. 나머지 10~15% 정도를 퇴직연금과 민간의 사적 연금으로 준비한다면, 미래세대의 실질소득 대체율이 50~55%에 달해 정년 이후 일본 공적 연금 수준의 노후 소득에 근접하게 된다.

이를 실제로 적용해보면, 즉, 국민연금의 평균소득 기준을 일본의 후생연금과 유사한 350만 원대로 상향하여 기초연금으로 기준소득의 15% 수준인 52.5만 원을 지급한다. 기초연금 52.5만 원은 현재 부부 기준으로 수령할 수 있는 금액이다. 여기에다 국민연금의 평균 가입 기간 20년을 기준으로 한 명목소득 대체율 25%를 적용해서 87.5만 원 수급이 가능해지면, 기초연금과 합쳐 공적 연금만으로 140만 원대 고정수입을 얻을 수 있다. 또한 급여소득자의 퇴직급여와 연계된 IRP(Individual Retirement Plan)와 연금저축과 ISA(Individual Savings Account) 같은 금융상품 등을 활용, 명목소득 대체율을 10~15% 수준인 35~52.5만 원을 확보하면 미래세대 한국인이 정년 이후 얻을 수 있는 총 연금소득액은 175~192.5만 원에 달하게 된다. 이러면 2021년 기준 국민연금의 노후 패널 조사가 발표하고 있는 부부 기준 최소생활비를 확보할 수 있다.

[표 3-9] 한국인의 노후 필요 생활비 추정

구분	부부 기준	개인 기준
최소	198.7만 원	124.3만 원
적정	277.0만 원	177.3만 원

자료: 국민 노후 보장 패널 조사, 2021년 기준

미래 한국 사회에서 정년 이후 노인세대의 안정적인 소득을 보장해주기 위해서는 사적 연금을 제외한 공적 연금만이라도 실질적인 명목소득 대체율 40%의 확보가 무엇보다 중요하다. 특히, 공적 연금의 수익률은 퇴직연금이나 개인연금보다 월등히 뛰어나다. 그렇지 않으면 지금처럼 노인세대 60% 이상이 상대적 빈곤계층으로의 추락하는 것을 막을 수 없다. 일본 사회가 1950년대 이후 장기간에 걸쳐 연금보험료율을 계속 인상해서 현재와 같은 공적 연금 구조를 완성한 이유가 여기에 있다. 한국 사회가 이 문제를 해결하지 못하면 경제 선진국 중에서 유일하게 정년 이후 시장소득 기준 국민 10명 중 6명 이상이 상대적인 빈곤계층으로 추락하여 기초연금만 수급하는 노인 빈곤대국의 오명(汚名)에서 벗어날 수 없을 것이다.

국민건강보험 하나로 정책 필요

다음 과제는 현재 65% 수준의 건강보험 보장률을 일본과 유사한 90%대 정도로 강화하는 것이다. 일본 사회에서 90%대 의료보험 보장률이 가능한 것은 정부가 재정으로 의료비 지출의 38%를 지원하고 있고, 직장가입자 기준 10~11% 수준의 보험료율 적용 을 통해 가능해졌다. 한국의 건강보험 보장률 강화를 위해서는 현재 10%대에 머물러 있는 정부의 재정 지원 비율을 대폭 확충하고, 현재 직장가입자 기준 7.09% 수준의 보험료율을 단계적으로 올려야 한다. 이를 위해서는 현재 건강보험법상 8%대에 묶여 있는 건강보험료율의 인상이 필요하다.

건강보험료율 인상의 저항을 줄이기 위해서는 건강보험제도의 비급여 항목에 대한 과감한 건강보험 적용 확대가 필요하다. 2장에서 언급했지만, 한국은 가구소득 중에서 공적인 건강보험료보다 실손의료보험료 지출 비중이 더 큰 기형적인 건강보험제도를 가지고 있다. 과거 데이터이지만, 2016년 가구당 월간 실손보험료 지출액이 30만 8천 268원으로 당시 2인 이상 가구의 월 가구소득에서 차지하는 비중이 7.1%에 달했다. 이는 2016년 당시 직장가입자 건강보험료율 6.12%의 절반의 부담분 3.06% 지출 비중보다 두 배가 넘는다. 이처럼 공적 건강보험제도의 허점을 이용하여 꼬리가 몸통을 흔드는 구조는 개혁이 필요하다.

[표 3-10] 가구소득 대비 건강보험료와 실손보험료 지출 비교

구분	직장가입자 건강보험료율	실손의료보험료 지출 비율
2016년 가구소득 대비	3.06%	7.1%

자료: 통계청 가계소득 동향, 건강보험공단 패널 자료, 2016년 기준

2024년 현재 한국의 건강보험료율은 7.09%로 이중 절반인 3.545%만 직장가입자가 부담하고 있다. 2016년 이후 연평균 10%대 실손의료보험료 인상이 지속되어왔다는 점을 고려하면, 현재 가구당 월 실손보험료 지출 비중은 2016년에 비해 더 높아졌을 것으로 추정된다. 현재 일본의 의료보험료율을 11%대로 보았을 때, 직장가입자는 5.5%인 절반만 부담하면 90%대의 의료보험 보장이 가능해지는 구조다. 이를 한국에 적용하면, 직장가입자 소득 대비 2%포인트 정도만 건강보험료를 추가로 납부하면 일본 정도의 건강보험보장률 확보가 산술적으로 가능해진다. 물론 여기에서 전제 조건은 일본과 같은 수준의 정부의 재정 지원이 있어야 한다는 것이다.

일본과 같이 공적 건강보험제도를 강화하게 되면 가계 지출의 7%가 넘는 실손의료보험료 중에서 5%포인트 가까이나 절약할 수 있어 가계소득에 큰 보탬이 될 수 있다. 이를 2016년 당시 기준으로 가구당 월 30만 8천 원대의 실손의료보험료 지출액 중에서 8만 6천 원 정도만 추가로 건강보험료로 납부하면, 일본과 같이 90%에 가까운 건강보험 보장이 가능해진다. 그리고 월 가구당 최대 22만 2천 원 정도의 가계 지출을 줄일 수 있다. 이것이 복지국가 소사이어티의 전 공동대표였던 제주대학교 의학전문대학원 이상이 교수 등 일부 시민단체에서 주장하고 있는 '건강보험 하나로 운동'의 핵심 내용이다.

또한 한국 역시 급속한 고령화 사회에 대비하여 65세 이상 노령세대를 일본처럼 65~74세의 전기 고령자와 75세 이상의 후기 고령자로 구분하는 작업이 필요하다. 4장 [그림 4-2](140쪽)에서 볼 수 있듯이, 앞으로 21년 후인 2045년에는 한국의 65세 이상 인구 비중이 일본을 추월할 정도로 한국 사회의 고령화 추세는 매우 거세질 전망이다. 2022년 기준 한국의 의료비 지출 중에서 65세 이상의 비중이 45% 수준이나, 앞으로는 일본과 같이 60% 이상으로 유사한 구조를 갖게 될 것이다.

이렇게 되면 건강보험 재정의 비용 부담에 대한 세대 간 사회적인 논쟁이 불가피해질 것이다. 이런 문제를 사전에 대비한다는 차원에서도 65세 이상 노령세대를 전기 고령자와 후기 고령자로 구분하여 관리할 필요가 있다. 또한 전기 고령자에서 후기 고령자로 갈수록 가구당 소득이 줄어드는 구조를 고려하여 일본처럼 전기 고령자보다는 후기 고령자의 의료비 자기부담률을 낮춰주는 정책적 배려가 필요하다.

4장

한국 사회는 어떻게 바꿔야 하는가

한일 간 1인당 소득 격차 없어져

이제부터는 한국과 일본의 경제적 수준이 비슷해진 과정과 일본 정부는 고령화 단계마다 재정을 통해 어떻게 공적 사회보험을 지출했는지 살펴보고, 이를 한국의 상황과 비교해보기로 하자.

지표상으로 보면, 2020년대 들어 한국인의 경제적 삶 수준이 일본인과 거의 대등한 단계에 달하고 있는 것으로 조사되고 있다. 지난 1990년대 이후 잃어버린 30년으로 일컬어지고 있는 일본경제의 정체와 침체가 장기적으로 반복되는 사이에 오히려 한국경제는 1990년대 말 IMF 외환 위기를 잘 극복한 이후 재도약에 성공했다. 30년 동안 소득수준이 세 배 가까이 성장하면서 1인당 소득수준에서는 한일 간 격차가 지속해서 축소되었다.

실제 [그림 4-1]에서 볼 수 있듯이 지난 20년 동안 한국과 일본의 달러 기준 1인당 GDP 추이를 살펴보면, 1999년 한국의 1인당 GDP는 일본에 세 배 이상 뒤처졌었지만, 이후 그 격차를 지속적으로 좁혀 지난 2022년에는 일본의 1인당 GDP와 거의 유사한 95% 수준에 도달했다. 특히, 국가마다 다른 물가나 환율 수준을 반영해서 실제 구매력으로 측정한 한일 양국 간의 구매력 평가(PPP) 기준 1인당 GDP는 2023년도에 한국이 일본을 추월한 것으로 추정되고 있다. 이는 OECD의 통계자료로도 확인할 수 있는데, 근로자 1인당 연간 임금에서는 이미 한국이 2022년에 4만 8천 922달러로 4만 1천 509달러인 일본을 앞지른 것으로 발표되었다. 1인당 임금 수준이 1인당 GDP로 연결된 것이다.

[그림 4-1] 1999년 이후 한국과 일본의 1인당 GDP 추이

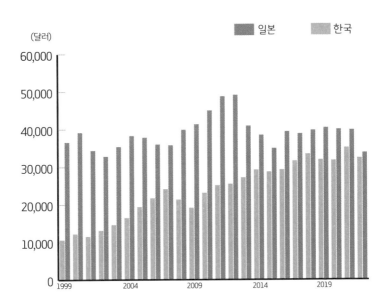

자료: 한국 한국은행, 일본 일본은행

[표 4-1] 한국과 일본의 구매력 평가 기준 1인당 GDP

연도	2019	2023
한국(달러)	37,547	41,362
일본(달러)	39,795	41,253

자료: IMF

일본의 경제발전, 한국보다 20년 앞서

일본은 1940년대 중반 제2차 세계대전에서 연합국에 패망한 이후 미군정 치하에서 경제개발을 시작했다. 미소 냉전 아래 미국의 적극적인 지원과 1950년대 한국전 특수 그리고 일본인의 근면하고 성실한 노력 덕분에 고도경제성장을 지속하며, 50년이라는 짧은 시간 안에 아시아에서는 유일하게 G7이라는 선진국 클럽에 속하는 유일한 경제 선진국이 되었다.

일본의 이웃 나라인 한국 역시 1950년대 한국전쟁을 겪고 폐허가 된 상태에서 암울한 시기를 보냈다. 1960년대 중반 군사 쿠데타에 성공한 박정희 정권 이후 본격적인 경제개발을 시작했다. 1960년대는 필자가 태어났던 시기로 1960년대에 출생한 인구는 무려 860만 명에 달해, 출생 연도별로 본다면, 한국 사회에서 1960년대생이 가장 많은 세대에 해당한다. 빈곤국에다 출생 수도 가장 많았던 만큼, 그 당시 한국 사회는 봄철만 되면 보릿고개라는 말이 유행할 정도로 대부분이 하루하루 끼니를 걱정했던 궁핍한 시대였다.

결과적으로 1950년대 전쟁을 겪은 한국은 경제개발의 출발에서 일본에 20년 이상 뒤처질 수밖에 없었다. 하지만 경제개발을 시작한 이후 지난 60년간 과거 일본경제의 고도성장을 압축적으로 추격하는 데 성공하였다. 이제는 삼성전자나 SK하이닉스와 같은 일부 IT산업의 경쟁력이 일본을 추월하여 세계 초일류 기업의 반열에 올라있고, 현대자동차나 기아는 자동차산업에서, 현대중공업은 조선 그리고 포스코는 철강산업에서 일본과 대등한 경쟁 관계에 있다. 여기에다 K-POP 등의 부상으로 지난 2010년 이후 한국경제의 세계적인 위상이 눈에 띄게 높아졌음을 모두가 실감하고 있다. 그 결과가 앞서 살펴본 대로 외형적 지표에서 한국인의 경제적 삶이 일본인과 대등한 수준에 이른 것이다.

한일 간 고령사회 시차도 20년

한국과 일본 경제 발전의 출발에서 이처럼 20년간의 시차가 존재한다면, 그에 맞춰 20년의 시차를 두고 한국과 일본의 경제성장을 이끌었던 세대가 각각 존재한다. 우선 일본 사회는 제2차 세계대전 패망 이후 1947년에서 1949년 사이에서 태어난 베이비붐 세대들이 일본 사회에서 단카이(團塊) 세대로 불리고 있다. 단카이 세대는 대략 680만 명으로 전체 일본 인구에서 비중이 5.4% 정도 된다. 이들 단카이 세대가 1970~1990년대 일본의 경제성장을 이끌었던 주역들이었으며, 일본 사회에서 이들 세대가 은퇴를 시작했던 1990년 이후 고령화 속도가 급속히 빨라졌다.

한국 사회 역시 시차는 있지만 1950년 전쟁을 겪고 난 이후 1955년에서 1963년에 태어난 세대를 베이비붐 세대라 하는데, 이들 세대가 대략 700만 명 정도로 전체 인구에서 비중이 무려 14%에 달한다. 한국 사회에서 이들 베이비붐 세대가 1980~2000년대 한국 사회의 근대화와 경제성장을 이끌었던 주역들이며, 일본과 마찬가지로 이들 세대의 은퇴가 시작된 2010년 이후 고령화가 급속히 빨라지고 있다.

결국 20년 정도 시차를 두고 한국과 일본에서 경제성장을 이끌었던 핵심 세대의 은퇴가 시작되면서 고령화 사회 측면에서도 한국은 일본에 20년 시차를 두고 뒤따라가는 모습을 보여주고 있다. 일본의 단카이 세대 초기 구성원들의 현재 나이가 70대 후반이라면, 한국의 베이비붐 세대 초기 구성원들은 현재 60대 후반이다. 그러나 한국 사회의 베이비붐 세대가 전체 인구에서 차지하는 비중이 일본의 거의 세 배 가깝다는 점을 고려하면, 향후 고령화 속도뿐 아니라 고령화가 한국 사회나 경제에 미치는 영향력에서도 일본보다 훨씬 지대할 가능성이 매우 크다.

그렇다면 한일 간 20년 시차를 두고 한국 수준의 경제발전과 인구 고령화 과정을 먼저 경험했던 일본 정부가 고령사회를 어떻게 준비해왔는지에 대한 거시적인 측면의 각종 사회정책과 사회제도 그리고 정부의 재정 지출을 점검해보고, 또한 미시적인 측면에서는 우리보다 먼저 은퇴를 시작하여 고령사회를 이미 살아가고 있는 일본인의 개별적인 삶을 분석해본다면, 향후 한국 사회가 마주하고 있는 고령사회의 문제에 어떻게 대처할 수 있을지 그 해법을 찾을 수 있을 것이다.

먼저 일본 사회의 고령화 추이를 살펴보자. 일반적으로 65세 이상 인구 비중이 7%가 넘어서면 고령화 사회라 하고, 14%가 넘어서면 고령사회, 20%가 넘어서면 초고령사회라고 부르는데, 일본은 이미 지난 1970년 65세 인구가 7%를 넘어서며 고령화 사회에 진입했고, 그 이후 25년 만인 1995년 14%대의 고령사회가 되었으며, 그 이후 10년 만인 지난 2005년 20%대를 넘어서며 초고령사회에 진입했다. 현재 일본은 고령화 비율이 30%대에 육박하며, G7 선진국 중에서는 노인 인구 비중이 가장 많은 나라가 되었다.

한국 사회 역시 20년 시차를 두고 일본 사회의 고령화 추세를 뒤따르고 있다. 한국은 지난 2000년 65세 이상의 인구 비중이 7%대로 고령화 사회에 진입한 이후 17년 만인 지난 2017년 14%대의 고령사회가 되었으며, 이후 9년 만인 2025년에는 20%대를 웃돌며 초고령사회가 될 것으로 예상된다.

2045년부터 한국 고령화율 일본 추월

일본이 고령화 사회에서 초고령사회로 이행하는데 35년 정도 걸렸지만, 한국은 불과 22년밖에 걸리지 않아서 고령사회 속도에서는 일본보다 무려 13년이나 빠르다. 여기에다 한국은 1인당 소득수준 3만 달러가 넘는 국가 중 최악의 초저출산 국가에 해당한다. 지난 2000년 이후 한 명 수준, 최근에는 한 명 이하의 합계 출산율이 장기화하고 있다. 초저출산으로 중장기적인 인구감소세에 따른 고령화 속도는 더욱 심화할 것으로 예상된다. 이는 [그림 4-2]를 통해 바로 확인할 수 있는데, 향후 21년 후인 2045년부터는 한국의 고령화 비율이 일본을 추월할 것으로 전망된다. 지금의 초저출산을 방치하면 머지않아 한국은 전 세계에서 가장 늙은 사회가 될 것이다.

[그림 4-2] 1980년대 이후 일본과 한국의 고령화 추이

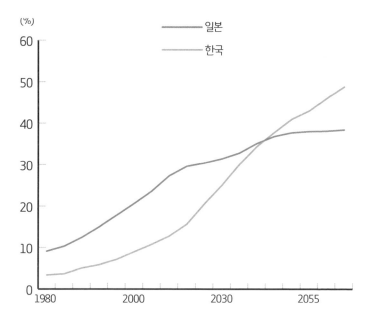

자료: 한국 통계청, 일본 내각부 고령사회 백서

[그림 4-3] 일본의 고령화율과 공공사회 복지 지출의 GDP 비율 추이

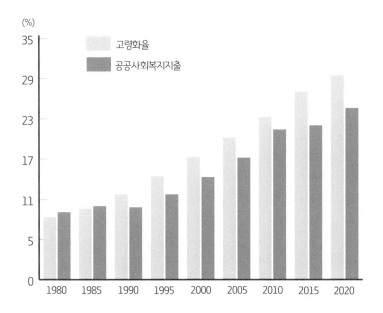

(%)

고령화율
공공사회복지지출

자료: 일본 내각부 고령화 백서, OECD

한 사회의 고령화가 진척되면 많은 재정이 필요해진다. 따라서 어떤 국가가 고령사회에 얼마나 잘 대처하고 있는지 확인하려면, 그 국가가 고령화나 사회적 약자들에게 얼마나 재정을 지출하고 있는지 확인해보면 된다. 이를 보여주는 포괄적인 정부의 지출 형태가 공공사회 복지 지출(Public Social Expenditure)이라는 지표다.

공공사회 복지 지출은 은퇴한 고령자에게 지급하는 노령연금과 보건의료, 요양 서비스와 실업급여, 사회적 약자에 대한 공적부조, 아동수당 그리고 적극적 노동시장 활성화를 위한 각종 지원정책과 주거복지를 위한 주택수당 등을 모두 포괄하고 있다. 여기서 일본의 경우 1장에서 설명한 바 있는 공적 연금과 의료보험, 개호보험 등의 세 가지 핵심 사회보험제도에 드는 비용이 전체 사회보장제도의 85%를 점하고 있는 것으로 조사되고 있다.

일본의 공공사회 복지 지출은 고령화 추이에 연동

일본은 고령화가 본격적으로 시작된 1980년대 이후 고령화 비율 추이에 맞춰 적극적으로 공공사회 복지 지출을 확대했다. 1980년 고령화율이 9%일 때 GDP 대비 공공사회 지출 역시 9%대를 지출하였다. 1990년대는 고령화율의 증가에도 불구하고 공공사회 복지 지출이 일시적 정체기를 맞았지만, 2000년대 들어 고령화 추세에 맞춰 재차 공공사회 복지 지출을 적극적으로 확대하기 시작해서 2020년 고령화율이 30%대에 육박하자, GDP 대비 공공사회 지출을 25%대까지 끌어올렸다.

일본은 소비세율 인상으로 복지재원 마련

일본 정부는 2000년대 이후 급격한 고령화에 따라 사회보장 비용 재원을 마련하기 위해 5%대로 낮게 유지되었던 소비세율을 2012년 6월에 5%에서 8%로 3%포인트, 2019년 10월에는 8%에서 10%로 2%포인트, 이렇게 두 차례에 걸쳐 인상한 바 있다. 이 과정에서 소비세 인상을 내세운 자민당이 선거에서 패배했던 경험도 있지만, 소비세율 인상을 복지재원과 연동하는 정책은 지속하고 있다. 현재 일본은 소비세율을 1%포인트 인상하여 확보할 수 있는 재원을 2.8조 엔으로 추정하고 있다. 복지국가 그룹으로 알려진 유럽의 소비세가 대부분 20%대를 상회하고 있는 것을 고려하면, 향후 일본은 고령사회의 복지재원을 마련하기 위해 추가적인 소비세율 인상을 지속할 것으로 예상된다.

스웨덴과 비슷한 일본의 공공사회 복지 지출

유럽의 대표적인 복지국가인 독일이나 스웨덴처럼 일본을 복지국가로 칭하는 전문가는 거의 없다. 각 국가의 고령화 수준이 달라 일률적으로 비교할 수는 없지만, 2020년에 들어 고령화가 심화되고 있는 일본의 GDP 대비 공공사회 복지 지출 수준이 유럽의 대표적인 복지국가 그룹에 속하고 있는 스웨덴과 유사한 수준에 근접하고 있다. 그리고 일본의 공공사회 복지 지출이 영국이나 네덜란드, 스위스보다 훨씬 높다는 사실을 알고 있는 사람들은 그리 많지 않다. 따라서 아래 표를 통해 일본 사회는 1990년 이후 30년에 걸친 장기적인 성장 정체에도 불구하고, 2000년 이후 급속히 진행되고 있는 고령사회에 비교적 잘 대처하고 있음을 알 수 있다.

[표 4-2] 일본과 유럽국가 간 GDP 대비 공공사회 복지 지출 비교(단위: %)

연도	일본	스웨덴	영국	네덜란드	스위스
2000	**14.9**	26.4	16.8	19.0	14.1
2020	**24.9**	25.9	22.5	18.9	19.3

자료: OECD

고령사회에 대비하지 않는 한국

일본과 달리 한국은 OECD 국가 중 공공사회 복지 지출을 늘리지 않는 국가로 유명하다. 한국은 2000년 고령화가 7%에 진입할 당시 GDP 대비 공공사회 복지 지출이 4.4%에 불과하였다. 이후 고령화율 증가 추세에도 한 자릿수 낮은 지출 수준이 15년간이나 지속되었다. 다만 2019년 고령화율이 15%에 도달해 고령사회에 진입하자, 공공사회 복지 지출을 12.3%대로 끌어 올렸다. 최근 들어 공공사회 복지 지출이 많이 늘어난 것은 세금으로 노인세대의 소득 하위 70%에 지급하는 기초연금 규모 확대가 큰 영향을 미쳤다고 분석된다.

[그림 4-4] 한국의 고령화율과 공공사회 복지 지출의 GDP 비율 추이

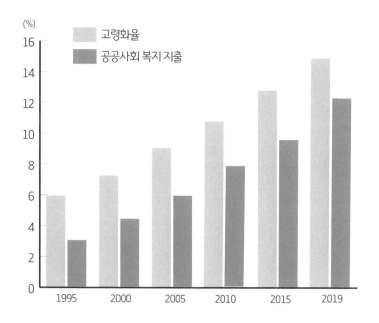

자료: 한국 통계청, OECD

이는 과거 일본의 고령화율 15%대 공공사회 지출 비율과 유사한 수준이다. 고령화 사회에 대처하는 일본 정도의 지출

확대에 무려 19년이 걸린 셈이다. 하지만 한국의 1인당 GDP 수준이 일본과 유사하다는 점을 고려하면, 한국의 사회복지 지출 규모는 여전히 OECD 최하위 수준에 머물러 있다.

필자는 2013년 저서 《성공한 국가 불행한 국민》을 통해 한국 사회의 전반적인 소득수준 향상에도 한국 정부의 사회적 약자들에 대한 소극적인 공공사회 복지 지출 형태를 비판하면서, OECD 국가군을 크게 복지국가군, 혼합국가군, 자유시장국가군으로 분류한 바 있다. 이 경우 한국은 이 세 국가군 분류 어디에도 속하지 않는 약탈적 자유시장 국가군이라고 정의한 바 있었다.

이런 비판을 한 지 어느덧 10여 년 세월이 흘렀지만, 한국 정부의 재정 지출 형태에 여전히 큰 변화가 없는 듯하다. 특히, 2022년 출범한 윤석열 정부는 법인세와 종합부동산세 인하와 금융투자소득세의 폐지 등 부자들에 대한 각종 세금을 감면해주는 반면, 감세에 따른 세수 감소분을 사회적 약자에 대한 각종 지원 축소로 대응하고 있어 향후 본격적인 저출산·고령화 사회에 맞닥뜨린 한국 사회의 미래가 더욱 암울해진 상황이다.

소득수준 대비 공공사회 복지 지출 지체현상의 실상

한국 사회의 1인당 소득수준 대비 공공사회 복지 지출의 지체현상은 세계적으로 유명하다. 이를 위해 달러 기준 1인당 GDP 기준 2만 달러와 3만 달러 진입 시점에서 주요 선진국들의 복지수준은 어떠했는지 상대 비교를 통해 확인해볼 수 있다. 한국은 지난 2006년 1인당 GDP 2만 달러를 넘어선 이후 미국 발 금융위기 영향으로 2009년 잠시 2만 달러 아래로 추락한 적이 있었지만, 2006년 재차 2만 달러를 회복하여 상당 기간 유지해왔다는 점에서 2만 달러 진입 시기를 2006으로 보면, 2만 달러 진입 이후 무려 11년 8개월 만인 2017년 1인당 GDP가 3만 달러를 넘어섰다.

2017년 1인당 GDP가 3만 달러에 진입하면서 한국은 경제적으로는 1인당 GDP 3만 달러와 인구 5천만 명이 넘는 소위 '30-50클럽'에 가입한 전 세계 일곱 번째 국가가 되었다. 현재 '30-50클럽'의 국가들은 우리가 경제적인 선진국으로 알고 있는 미국, 영국, 독일, 프랑스, 이탈리아, 일본 등이다. '20-50클럽' 가입 이후 11년 만에 '30-50클럽'에 가입한 아시아 국가로는 일본에 이어 두 번째 국가다. '30-50클럽'은 외형상 경제 선진국 그룹으로 볼 수 있다. 우리가 경제개발 60여 년 만에 이

반열에 진입한 것은 기적적인 성과임이 분명하다. 1960년대 이후 경제 후진국에서 출발하여 인구 5천만 명이 넘는 국가는 전 세계에서 대한민국이 유일하다.

우선 1인당 GDP 2만 달러 진입 당시인 2006년 우리나라의 GDP 대비 공공사회 복지 지출 비중은 6.7% 수준이었다. 2만 달러 시대의 '고부담-복지국가군'에 속해있는 스웨덴은 GDP 대비 공공사회 복지 지출 비중이 26.9%로 우리보다 무려 네 배가 높았다. 스웨덴이야 인구가 970만 명에 불과한 소국이라 우리의 비교 상대로 보는 것에 다소 무리가 따른다고 보고, 현재 정치권에서 우리나라가 지향해야 할 '중부담-중복지'의 목표 대상 국가로 거론하고 있는 독일(인구 8천만 명)과 비교해보아도 스웨덴과 별반 차이가 없다. 독일의 1인당 GDP 2만 달러 진입 당시 공공사회 복지 지출 비중은 21%대로 우리의 3.1배에 달했다.

또한 선진경제국가 중 자유시장 경제 질서를 가장 선호하는 미국은 1인당 GDP 2만 달러 당시 공공사회 복지 지출 비중이 13.2%로 우리 나라의 1.5배에 달했다. 앞서 구체적으로 살펴봤던 이웃 나라 일본 역시 1당 GDP 2만 달러 당시인 1980년대 후반 공공사회 복지 지출이 우리의 두 배에 조금 못 미치는

11%대를 지출하였다. 여기에서도 한국이 경제 수준에 걸맞지 않은 사회복지 지출 지체현상을 명확히 확인할 수 있다.

[표 4-3] 1인당 GDP 2만 달러 진입 시 주요 선진국 공공사회 복지 지출 비교

국가군	한국	스웨덴 (고부담복지)	독일 (중부담복지)	일본 (저부담복지)	미국 (저부담복지)
GDP 대비 공공사회 복지 지출 비중	6.7%	26.9%	21.4%	11.0%	13.2%
2만 달러 시기	2006년	1988년	1990년	1988년	1987년

자료: OECD

[표 4-4]는 1인당 국민소득이 3만 달러 진입했을 때 주요 경제 선진국의 GDP 대비 공공사회 복지 지출 비중은 2만 달러 때보다 대부분 확대되었음을 숫자로 확인할 수 있다. 특히, '중부담-복지국가군'에 해당하는 독일은 GDP 대비 공공사회 복지 지출 비중이 21.4%에서 26.0%로 4.6%포인트나 크게 확대되었다. '저부담-저복지국가군'인 미국도 같은 기간 공공사회 복지 지출 비중이 2.0%포인트 증가했다. 반면 일본은 2만 달러에서 3만 달러 기간 공공사회 복지 지출 비중 확대가 거의 정체 상태였다. 이는 당시 일본이 초고속 경제성장에 따라 2만 달러에서 3만 달러에 도달하는 데 불과 4년밖에 걸리지 않아 사회 안전망 확충을 위한 시간이 부족했기 때문으로 보인다.

[표 4-4] 1인당 GDP 3만 달러 진입 시 주요 선진국의 공공사회 복지 지출 비교

국가군	한국	스웨덴 (고부담복지)	독일 (중부담복지)	일본 (저부담복지)	미국 (저부담복지)
GDP 대비 공공사회 복지 지출 비중	**10.1%**	27.9%	26.0%	11.2%	15.2%
3만 달러 시기	2017년	2003년	2004년	1992년	1996년

자료: OECD

　　우리는 같은 기간 GDP 대비 공공사회 복지 지출 비중이 6.7%에서 10.1%로 3.4%포인트 정도 증가하는 데 그쳤다. 일본과는 1.1%포인트 낮은 수준의 지출로 이 시기에 일본과 상당히 좁혀졌지만, 미국과 같은 자유시장주의 경제를 지향하는 국가보다 5%포인트 정도나 낮은 절대 저지출 국가 수준에서 벗어나지 못하고 있다. 따라서 한국을 '저부담-저복지국가' 중에서도 공공사회 복지 지출이 최저 수준인 약탈적 자유시장경제 국가군의 형태가 지속되고 있다는 사실을 부정하기 어렵다.

소득수준에 맞는 사회안전망 구축해야

　　어떤 사람이 자신의 경제적 수준에 걸맞는 사고와 행동을 갖추지 못한다면, 그 사람은 단지 돈만 아는 졸부라는 평판을

얻게 된다. 마찬가지로 어느 사회 역시 경제적 발전과 소득수준에 상응하는 사회적 시스템을 제대로 갖추지 못하면 겉모습은 화려하더라도 수준 낮은 사회라는 오명에서 벗어날 수 없다. 우리 사회의 1인당 GDP 수준이 2만 달러에서 3만 달러로 높아지면서 경제적으로는 선진국 수준에 도달해있음에도 이전보다 한국인의 전반적인 삶의 질이 오히려 악화되고 있는 중요한 이유는 외형적인 소득수준에 걸맞는 사회안전망을 구축하고 있지 못하기 때문이다.

이처럼 다수 구성원의 경제적 삶과 동떨어진 경제성장을 지속하면 '우리는 왜 경제성장을 지속해야 하는가'에 대한 사회 전반의 지지와 당위성을 상실하게 된다. 이에 따라 사회적 갈등과 대립은 더욱 심화할 수밖에 없다. 결국 개인의 삶을 개인 스스로가 책임져야 하는 각자도생의 사회가 되는 것이다. 기존의 경제 선진 국가들이 전반적인 소득수준 향상에 맞춰 사회제도의 정비와 복지 지출을 확대한 이유가 여기에 있다.

최근 정치권에서 선거철만 되면 우리 사회가 지향해야 할 목표 대상이 유럽의 '중부담-중복지' 그룹군을 지향해야 한다는 당위적 탁상공론만이 난무한다. 필자는 유럽 사회는 우리 사회가 지향하기에는 너무나 동떨어져 있는 이상적인 국가군에 속해있다는 생각이다. 그보다는 모든 면에서 우리 사회와 유사한 구조인 이웃 일본에서 우리 사회가 나아가야 할 방향을 찾는 것이 더 현실적이라는 생각이다.

일본 사회의 제도뿐 아니라 그 구체적인 내용을 배우려는 자세가 필요하다. 이렇게 하기 위해서는 현재 우리 사회의 모든 제도와 시스템이 상대적으로 얼마나 취약한지에 대한 정확한 현실 인식에서 출발해야 한다. 기존의 '증세 없는 복지 논쟁'이 얼마나 허황되고 자가당착적인 억지 주장인지도 반성해야 한다. 이제부터라도 우리 사회가 지향하려는 목표를 제대로 설정하여 다수 국민의 합의를 이끌어내는 작업이 우선되어야 한다.

각자도생 사회는 시장 만능주의에서 기인

필자의 이전 책《성공한 국가 불행한 국민》에서 언급했듯이 우리 사회는 지난 60년이라는 짧은 기간 경제적으로 성공한 국가의 대표적인 사례가 되고 있지만, 반면에 60년이라는 짧은 기간에 모든 분야에서 세계 최고 수준의 불평등구조가 심화되어 사회공동체가 가장 빠르게 파괴된 불명예 국가의 대표적 사례가 되었다. 그 결과가 경제선진국 중에서 가장 높은 노인 빈곤율과 가장 낮은 출산율로 나타나고 있는 것이다. 경제적으로 성공한 국가가 되었지만 정년 이후 노인들의 대부분이 빈곤층으로 전락하고 있고, 또한 젊은 세대 대부분이 출산을 기피하는 사회가 된 것이다. 즉, 한국 사회는 인간이 살아가는 데 최악의 환경이라는 의미가 된다.

[그림 4-5] 일본과 한국의 합계 출산율 추이

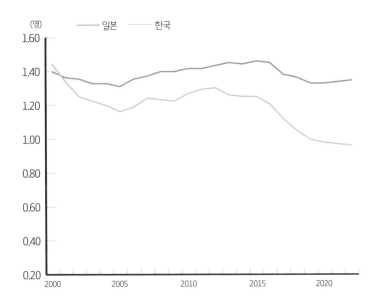

이것이 지난 60년간의 경제성장 과정에서 나타나고 있는 우리 사회 '빛과 그림자'다. 그렇다면 왜 이런 모습이 되었을까? 결론적으로 1960년대 개발 독재 이후 '성장 지상주의'만

지속하며, 사회적 안전망을 갖추지 못한 채 모든 분야를 무분별하게 열어준 '개방 지상주의'가 부른 합작품이다. 이처럼 '성장 지상주의'와 '개방 지상주의'가 결합한 시장 만능주의가 경제의 양적 확대에는 도움이 될 수 있었지만, 양극화나 불평등 구조의 심화와 같은 사회문제를 스스로 해결해주지는 못했다. 특히, 소득 수준의 향상에도 불구하고 사회안전망은 취약해져 있다. 현재 한국 사회는 모든 분야에서 각자도생 사회가 되어 버렸다.

시장경제 자체가 이와 같은 불평등 구조와 각자도생 사회를 해결할 자정 능력이 없는 이유는 당연하다. 경제학이 말하고 있는 시장경제의 기본 가정이 합리적인 인간상이기 때문이다. 합리적인 인간이란 오르지 자신의 행복과 이익을 극대화하기 위해 이기적으로 행동하는 사람을 말한다. 그러나 문제는 시장경제 자체는 개별적인 경제적 효율이 높을 수 있지만, 사회적 연대와 사회적 협력을 파괴한다는 사실이다. 따라서 시장경제 논리인 이기심과 탐욕을 적절히 제어하며, 사회공동체 간의 연대와 협력을 이끌어내기 위해서는 그 사회만의 법과 제도를 마련하여 시장경제 질서를 적절히 규제해야 한다.

공공재 분배하는 정부 기능 회복해야

법과 제도의 구축은 정치와 국가의 몫이다. 법과 제도가 잘 갖춰져 있지 않은 시장경제는 탐욕이 방치되어 경제력 집중을 낳고 이것이 불평등 구조를 심화시키는 것이다. 우리 사회는 법과 제도가 미비되어 탐욕이 판치는 시장경제를 운영하고 있다. 즉, 시장은 정의를 실현해주지 않는다. 아니 시장은 정의 실현에 관심이 없다. 정의 실현은 시장의 몫이 아니라 정치와 국가의 몫이다.

우리 사회의 불평등 구조가 이처럼 심화된 데는 정치와 국가의 책임이 매우 크다. 따라서 사회안전망의 확충을 위해서는 우리 정치와 국가의 기능을 정상화하는 데서 시작해야 한다. 경제적 관점에서 보면, 정치는 공공재(public goods)를 다루는 영역이다. 공공재는 모든 사람이 동등하게 이용할 수 있는 재화와 서비스를 말한다. 하지만 경제개발 이후 지금까지 우리 정부는 공공재를 성장 지상주의에 매몰되어 재벌 관련 대기업에 일방적으로 몰아주는 데만 주력해왔다.

민주주의가 시장 만능주의 견제해야

민주주의 정치 영역에는 가진 자와 그렇지 않은 자, 힘 있는 자와 그렇지 않은 자 공히 일인일표(一人一票)가 주어진다. 하지만 사적 재화(private goods)를 다루는 자본주의 체제는 공정한 기회 균등이 주어진다 하더라도 개인의 능력에 따른 결과의 불평등은 피할 수 없다. 이는 자본주의 경제체제의 핵심 주체인 기업의 의사결정 구조에 잘 나타나 있다. 기업의 의사결정 구조는 일인일표가 아닌 일원일주(一元一株)인데, 기업에서는 많이 가진 자가 모든 표를 다 가져갈 수 있음을 의미한다.

견제 없는 자본주의 체제는 속성상 권력과 부의 집중을 낳게 된다. 이 자본주의 체제에서 가진 자의 권력을 견제할 수 있는 영역이 다름 아닌 모든 사람이 동등하게 일인일표(一人一票)를 행사할 수 있는 민주주의 정치체제인 것이다. 견제와 균형이 사라진 자본주의 시장경제는 우월적 힘을 바탕으로 민주주의 기본질서를 파괴하게 된다.

따라서 우리 사회는 시장 만능주의를 적절히 견제하고 사회 공동체의 연대와 협력을 이끌어내기 위해 민주주의의 복원이 절실하다. 일인일표(一人一票)에서만 가능한 민주주의의 회복을 통해 급속히 진행되고 있는 노령화 사회를 대비하여 부실해진 사회안전망 구축이 절실한 상황이다. 사회안전망의 구축은 사회공동체의 연대와 협력을 통해 자연스럽게 각자도생 사회에서 벗어날 수 있는 길이 될 것이다.

노인세대의 정치조직화 필요

우리 사회가 현재와 같은 각자도생 사회에서 벗어나 일본과 유사한 사회 시스템을 구축하기 위해서는 강력한 민주주의의 힘을 통한 사회적 연대와 협력이 필요하다. 촘촘한 사회안전망이 구축된 일본과 같은 사회에서는 공적 연금과 공적 의료보험 제도가 강화되면서 시장 논리가 지배하는 사적 연금시장과 실손의료보험 시장은 점차 위축되어 사라지게 된다.

민주주의의 힘을 키우기 위해서는 현재 1천만 명에 달하는 65세 이상 노인세대의 조직된 힘이 필요하다. 대한노인회와 같은 보수 성향의 시니어 단체가 있지만, 이 조직은 전체 노인들의 권익보호를 위한 단체라기보다 친기업적인 관변단체에 불과하다. 이를 알 수 있는 사례가 2012년 박근혜 후보가 대선에서 약속했던 기초연금 지급이다. 당시 모든 노인세대에 대한 기초연금 지급이 선거 승리 후 소득 하위 70%에 지급으로 대선 공약이 파기되었을 때, 대한노인회는 정부의 기초연금 축소 계획에 환영의 뜻을 밝힌 바 있다. 이런 단체를 노인의 권익을 대변하는 단체라고 할 수 없다.

민주주의 체제 하에서 자신들의 노후의 미래가 달린 권익강화에 스스로 문제의식을 가지고 치열하게 대응하지 않으면 정치권 어느 세력도 노인들의 이익을 대변해주지 않는다. 특히, 우리 사회처럼 모든 분야에서 재벌관련 대기업의 막강한 영향력이 행사되고 있을 때 더 그렇다. 재벌 관련 대기업들은 공적 연금보다는 사적 연금제도가, 공적 의료보험제도보다는 실손 의료보험 시장의 확대를 지원하고 있기 때문이다. 이처럼 사회 안전망의 확충에는 재벌 관련 대기업들의 첨예한 이해관계가 얽혀있다.

미국은 시장 논리에 맞서 1958년에 설립된 미국 은퇴자협회(AARP)가 4천만 명이 넘는 회원을 보유하며 은퇴자들의 권익 보호에 앞장서왔다. 선진사회 중에서 자유시장경제 논리가 가장 막강한 미국에서 은퇴자협회의 투표권 행사를 통한 막강한 정치적 영향력이 자신들의 권익을 보호해주고 있는 것이다. 대표적인 사례가 민간 의료보험제도가 확고히 정착되어 있는 미국 사회에서 1965년에 도입된 메디케어(Medicare)가 65세 이상 고령자에게 국가가 의료비의 80%를 지원해주는 공적 의료체제다. 또한 1986년 연령에 기초한 법적 정년제도가 폐지되어 미국 사회에는 법적인 강제 은퇴가 없다. 이 모두가 노인세대의 조직된 정치적인 힘에 의해 가능해졌다.

더 나은 한국 사회를 바란다

필자는 금융업계에서 애널리스트로 활동하다 40대 초반에 자발적으로 퇴사하여 20여 년 가까이 프리랜서로 활동하며 살아왔다. 그 사이에 시민단체인 복지국가 소사이어티(사)에서 정책위원으로 활동한 경험이 있다. 복지국가 소사이어티는 제주대학교 의학전문대학원 이상이 교수 등이 창립하여 공동대표를 맡아 우리 사회 건강보험의 공적 기능 강화와 복지국가 실현을 위해 활동해왔던 시민단체다. 이상이 교수는 '복지국가 전도사'로 불린다. 이곳에서 우리 사회의 건강보험 구조와 실상을 이해하는 데 많은 도움을 받았다.

복지국가 소사이어티에서 정책위원으로 활동하면서, 국민연금 성과보상 전문위원으로 4년간 활동했다. 국민연금 성과보상 전문위원은 국민연금 기금운용본부의 기금운용 성과와 위험을 평가하고 기금운용의 방향에 대한 여러 가지 정책 제안을 마련하는 역할을 하였다. 국민연금 기금이 여러 가입자 단체가 납부하는 기금으로 운영되고 있기에 가입자 단체의 추천을 통해 전문위원으로 활동할 수 있었다. 현재 1천 조 원에 달하는 국민연금 기금이 실제 어떻게 운영되고 있는지 배울 수 있는 좋은 기회였다. 그러면서 자연스럽게 우리 사회의 공적연금 구조와 실상을 이해하는 데 좋은 계기가 되었다.

젊은 날 애널리스트로 활동할 당시부터 일본은 언제나 관심 대상이었다. 우리보다 모든 면에서 20년을 앞서 발전해왔던 일본의 경제나 사회를 아는 것이 우리의 미래를 예측하는 데 도움이 될 것으로 생각했다. 5년 전부터 독학으로 익힌 일본어 덕분에 일본 서적을 직접 읽게 되면서 일본 사회를 이해하는 데 필요한 많은 자료를 접할 수 있었다. 최근 들어 우리 사회의 최대 현안으로 떠오른 저출산·고령화의 해법을 찾기 위해서는 일본의 경험이 반면교사가 되리라 생각했다. 이런 경험들이 쌓여 이 책을 구상하고 쓸 수 있었다. 이 책이 더 나은 한국 사회를 위한 작은 밀알이 되길 기원한다.

마지막으로 여러 해에 걸쳐 필자가 원하는 일본 서적을 필요할 때마다 일본 현지에서 직접 구매해준 박재호 님에게 많은 도움을 받았다. 동경도립대학교에서 박사과정 중에 있는 그는 필자가 일본에 방문할 때마다 동행하며 일본 사회 구석구석을 돌아보고, 일본 사회가 처한 여러 논점을 토론하며 배울 기회를 제공해주었다. 박재호 님의 깊은 배려와 후의에 감사의 마음을 전한다.

[참고문헌 및 자료]

* 일본 서적

1. 《定年後の作り方》, 徳丸英司, 広済党新書, 2021
2. 《定年前と定年後の働き方》, 石山恒貴, 光文新書, 2023
3. 《60歳からやりたい放題》, 和田秀樹, 2022
4. 《50歳からやってはいけないお金のこと》, 大江英樹, PNPビジネス新書, 2023
5. 《定年後でも間に合う積み立て投資》, 横山光昭, 角川新書, 2023
6. 《老後資金2000万円の大嘘》, 高橋洋一, 宝島社, 2023
7. 《ほんとうの定年後 小さな仕事が日本社会を救う》, 坂本貴志, 2022
8. 《定年後の壁》, 江剛, PHP新書, 2023
9. 《共生保険支え合いの戦略》, 宮本太郎, 岩波新書, 2017
10. 《中流危機》, NHKスペシャル取材班, 講談社現代新書, 2023
11. 《60歳から幸せが続く人の共通点》, 前野隆司, 青春新書, 2023
12. 《人生100年時代の年金戦略》, 田村正之, 日本経済新聞出版社, 2018
13. 《日本のセーフティーネット格差》, 酒井正, 慶應義塾大学出版会, 2020
14. 《貧乏国ニッポン》, 加谷桂一, 幻冬舎新書, 2020
15. 《日本はもはや後進国》, 加谷桂一, 秀和システム, 2019

* 한국 서적

1. 《성공한 국가 불행한 국민》, 김승식, 끌리는책, 2013
2. 《나라는 부유한데 왜 국민은 불행할까?》, 오건호 외, 철수와영희, 2018
3. 《내가 만드는 공적 연금》, 오건호, 책세상, 2016

4. 《복지국가는 삶이다》, 이상이, 밈, 2014

5. 《시민을 위한 의료급여 건강보험 이용안내》, 김창보 방현주 외, 밈, 2009

6. 《대한민국 의료 혁명, 전국보건의료산업노동조합》, 살림터, 2015

7. 《초고령사회 일본에서 길을 찾다》, 김웅철, 페이퍼로드, 2018

8. 《오십부터 노후 걱정 없이 살아야 한다》, 강창희 외, 포레스트북, 2021

9. 《1인가구사회》, 후지모리 가츠히코, 나남, 2013

10. 《은퇴대국의 빈곤보고서》, 전영수, 맛있는책, 2011

11. 《노후파산》, NHK스페셜제작팀, 다산북스, 2016

12. 《국민을 위한 국민연금은 없다》, 유원중 외, 더숲, 2024

13. 《은퇴 절벽》, 문진수, 원더박스, 2016

14. 《2022 한국의 사회지표》, 통계청, 2023

* 인터넷 사이트

일본의 총무성 통계국 https://www.stat.go.jp

일본 연금기구 https://www.nenkin.go.jp

일본의 후생노동성 https://www.mhl.go.jp

한국의 KOSIS 국가통계 포탈 https://www.kosis.or.kr

한국의 보건복지부 https://www.mohw.go.kr/

한국의 건강보험공단 https://www.nhis.or.kr/nhis/index.do

한국의 국민연금공단 https://www.nps.or.kr/

한국의 국민연금연구원 https://institute.nps.or.kr/

한국보건사회연구원 https://www.kihasa.re.kr/